泰戈尔：与这个世界温柔相处

李静 编著

—大师开讲—

全国百佳图书出版单位
时代出版传媒股份有限公司
黄山书社

图书在版编目（CIP）数据

大师开讲·泰戈尔：与这个世界温柔相处 / 李静编著. -- 合肥：黄山书社，2014.5

ISBN 978-7-5461-4450-4

Ⅰ. ①大… Ⅱ. ①李… Ⅲ. ①泰戈尔，R.（1861 ~ 1941）-语录 Ⅳ. ①K811

中国版本图书馆 CIP 数据核字（2014）第 076937 号

DASHI KAIJIANG · TAIGE'ER YU ZHEGE SHIJIE WENROU XIANGCHU

大师开讲·泰戈尔：与这个世界温柔相处 李静 编著

出 品 人 任耕耘
选题策划 任耕耘 杨 雯
责任编辑 张月阳
特约编辑 李晓阳 赵迪秋
装帧设计 齐 娜
出版发行 时代出版传媒股份有限公司（http：//www.press-mart.com）
黄山书社（http：//www.hspress.cn）
地址邮编 安徽省合肥市蜀山区翡翠路 1118 号出版传媒广场 7 层 230071
印 刷 安徽国文彩印有限公司
版 次 2015 年 6 月第 1 版
印 次 2015 年 6 月第 1 次印刷
开 本 880mm × 1230mm 1/32
字 数 120 千
印 张 7.5
书 号 ISBN 978-7-5461-4450-4
定 价 28.00 元

服务热线 0551-63533706
销售热线 0551-63533761
官方直营书店（http://hsssbook.taobao.com）

目录

倾听心灵的声音（代序）

罗宾德拉纳特·泰戈尔（Rabindranath Tagore，1861—1941），印度著名诗人、作家、艺术家、哲学家和社会活动家，出生于印度加尔各答一个学养深厚的贵族之家。泰戈尔的父亲是一位哲学家，兄弟姐妹和侄子都是诗人或画家。泰戈尔就是在这样一个有着良好教养的环境里度过了童年和少年时光。1913年，泰戈尔以自译的英文版诗集《吉檀迦利》荣获诺贝尔文学奖，从此为世界文坛所认知。泰戈尔一生勤奋好学，孜孜不倦，在60多年的创作生涯中，写出了50多部清新隽永的诗集、100多篇内容深厚的小说、40多个寓意深刻的剧本。此外，他还留下了许多散文、游记、书简等作品。他的作品被译成多国文字，在世界各地广为流传。

一部24卷本《泰戈尔全集》近1000万字，书中内容不可能在此一一列举，因此，编者只能选取其中的某些精华与您分享，并借此机会与更多的读者朋友交流阅读体验，这也不失为人生一大幸事。

诗歌是泰戈尔作品中非常重要的一部分。如果说泰戈尔的艺术世界是一座金字塔，那么诗歌就是这座金字塔的坚固底座。泰戈尔遨游于诗的王国，他用美丽的文字、富有诗趣的语言，为我们构筑了一个纯洁、光明、和平、宁静的世界。其中，《吉檀迦利》是最能代表泰戈尔思想观念和艺术风格的作品，他在诗中尽情地憧憬生活、思考人生，同时也表达着对光明的向往和对自然的热爱。《新月集》则为我们呈现了一个和忙乱纷繁的成人世界截然不同的儿童天地，那里天真无邪，真挚美好。《园丁集》是一部青春的恋歌，诗人结合自己的青春体验，细腻地描述了爱情的幸福、烦恼与忧伤，使我们在阅读的过程中不知不觉品尝到爱与青春的味道。《飞鸟集》由300多首清丽的小诗组成，这些诗的题材不外乎小草、流水、落叶、飞鸟、山川、河流……一切都是那样的熟悉，一切又都是那样的清新、耐人寻味。《流萤集》是对如“萤火虫”般微小而又坚强生命的赞美，作者以流萤自喻，引人深思。《游思集》里的许多诗篇都没有标题，多为作者灵感闪现时的即兴发挥。《采果集》是泰戈尔世界观、人生观、艺术观和宗教观的集中体现，其中既有对下层人民的同情，亦有泰戈尔人生志向和远大抱负的寄寓。《爱者之贻》中的诗句恰若一盏盏明灯，能给失意之人带来温暖与感动，为他们指引未来的方向。

泰戈尔的小说内容十分丰富，涉及面极为广泛，几乎每一篇都闪耀着人道主义的光辉。在作品中，我们可以看到真与假的较量，善与恶的斗争，美与丑的对立，爱与恨的抗衡。作家总是旗帜鲜明地站在弱者一方，反对强权，褒奖真善美，贬斥假恶丑。在《乌云和太阳》一文中，他宣扬爱国主义，批判殖民统治。在《过失》中，他通过一个乡村医生的见闻，把警察当局敲诈勒索、欺压村民、横行乡里的暴行展现得淋漓尽致。他还抨击了金钱的罪恶，在《艺术家》中，寡嫂冒着倾盆大雨也要把儿子送到艺术家那里，目的只有一个，那就是请他把儿子“从贪求金钱的欲惑中拯救出来”。泰戈尔疾恶如仇，对封建势力和陈规陋习嗤之以鼻，对种姓制度进行了深刻的鞭笞。在《弃绝》中，一对真心相爱的男女，冲破种姓制度的束缚，走向爱情之路；《偷来的财宝》通过两代两对恋人的结合，揭露了“生辰八字”“本命星”等迷信思想所导致的危害；《笔记本》则对童婚这种落后的习俗进行了抨击。泰戈尔非常同情生活贫苦的农民：在《原来如此》中，我们看到佃户阿奇姆丁倾家荡产，负债累累；在《判决》中，在农忙时节，农民自己的庄稼泡在水里，也得去给地主干活。此外，底层的印度妇女也是泰戈尔较为关注的对象。在《莫哈玛娅》中，漂亮的女子莫哈玛娅与恋人约会时被兄长发现，为了维护所谓的“种姓纯洁”，兄长将她嫁给一个将死的老头，婚后次日，她便守了寡。这位狠毒的兄长又逼她为丈夫殉葬，后来虽死里逃生，但烈焰已灼伤了她那俊俏的容颜。这是一篇控诉寡妇殉葬制度的佳作。除了以上这些中短篇小说，泰戈尔还创作了著名的长篇小说《沉船》，在这部作品里，作者用优美的笔调不遗余力地歌颂了爱情这一永恒的主题。两对青年男女经过重重磨难，有情人终成眷属，感人至深。

泰戈尔还创作了数十篇颇有见地的散文作品，在这些文章中，他畅游艺术、人性、宗教、文学等领域，充满着哲学的沉思。他认为宇宙万物应是和谐的，人类应是平等的，不管是国王还是乞丐都值得我们去爱。唯有如此，方能达到“天人合一”的境界。

在泰戈尔的书海里畅游，你仿佛能感觉到一个长者对“你”娓娓道来。他的笔下经常有一个“你”的存在，“你”是谁？是他的爱人，朋友，抑或是陌生的路人？也许是，也许都不是。我觉得，谁阅读泰戈尔，谁就是那个“你”。阅读的过程，就是和泰戈尔谈话的过程，只要用心聆听，就能听到他内心的声音。

泰戈尔是一本永远读不完的书，书中有一座美妙的殿堂。在这里，我们不断寻找自我，不断发现自己。此时此刻，我想任何的语言都是多余的，就让我们怀着一颗善感的心，走进书中，细细品味吧！

第一章

恩重如山

妈妈，是您十月怀胎，忍受着撕心的疼痛，把我带到这个世界，从此，我成了您永远的牵挂。这就是母爱——悠远绵长，博爱无私。

爸爸，是您不辞劳苦，肩负着全家的责任，把我培养成有用之才，从此，我成了您心里的骄傲。这就是父爱——深厚无边，润物无声。

亲爱的父亲母亲，是你们，给了我生命，在我跌跌撞撞的人生旅途中给我有益的指引。

亲爱的父亲母亲，是你们，看着我成长，在我每一次脆弱流泪的时候给我温暖的怀抱。

亲爱的父亲母亲，你们的爱赐予我勇闯天涯的无穷动力，你们的爱为我撑起了心中的一片蓝天，你们的爱恩重如山，将永留我心间！

河流与山峰

你一口气饮尽了我们带给你的爱，便回身离开我们跑了。（《新月集》）

有人说，孩子是上帝赐给父母最好的礼物，但这份礼物终有一天会离主人而去。

孩子在一天天长大，父母却一天天老去。

儿女与父母的关系，好比河流与山峰。河流唱着歌欢快地流去，冲破所有的堤防。但山峰却留在那里，忆念着，满怀依依之情。

永恒之爱

你的生命正是青春，你的道路也长着呢……你有你的游戏，有你的游伴。如果你没有时间同我们在一起，如果你想不到我们，那有什么害处呢？我们呢，自然地，在老年时，会有许多闲暇的时间，去计算那过去的日子，把我们手里永久丢失了的东西，在心里爱抚着。（《新月集》）

当孩子还未出世，父母对其爱恋就已经开始。在孩子成长的过程中，父母不断地给予，不懈地付出。“我要送些东西给你，我的孩子，因为我们同是漂泊在世界的溪流中的”（《新月集》）。

但当孩子渐渐长大，他们与父母的距离也越来越远，父母仍旧无怨无悔地守望。如果说这个世界上有什么东西是永恒的话，母爱当属第一，她如山峰一般屹立着，岿然不动，坚毅无比。

爱的供养

孩子有成堆的黄金与珠子，但他到这个世界上来，却像一个乞丐。他想要乞求妈妈的爱的财富。（《新月集》）

妈妈，你要一堆一堆的黄金么？在金河的两岸，田野里全是金色的稻实。在林荫路上，金色花也一朵一朵地落在地上。我要为你把它们全都收拾起来，放在好几百个篮子里。（《新月集》）

有首歌里唱道："把你捧在手上，虔诚地焚香……我用尽一生一世来将你供养。"歌颂的不仅是荡气回肠的爱情，天地间最崇高的母爱不也是这样吗？

妈妈的臂弯最安全，妈妈的掌心最温暖。

当"小乞丐"长大之后，他会以同样真挚的爱回馈母亲。爱就是这么神奇，它会使拥有它的人感到富足无比，失去它的人一贫如洗。

只有热爱人的人才可以惩戒人

你想说他什么尽管说吧，但我知道我孩子的短处。我爱他并不是因为他好，只是因为他是我的小小的孩子。

你如果把他的好处与坏处两两相权，恐怕你就会知道他是如何的可爱了吧?

当我必须责罚他的时候，他更成为我生命的一部分了。

当我使他的眼泪流出时，我的心也和他同哭了。

只有我才有权去骂他，去责备他；因为只有热爱人的人才可以惩戒人。（《新月集》）

激励教育是爱，赏识教育是爱，惩戒教育也是爱。当惩罚必须执行时，也请多一点爱心，少一些冲动。

评判的权利

为什么你眼里有了眼泪，我的孩子？

他们真是可怕，常常无谓地责备你！

你写字时墨水玷污了你的手和脸——这就是他们所以骂你龌龊的缘故么？

呵，呸！他们也敢因为圆圆的月儿用墨水洗了脸，便骂它龌龊吗？（《新月集》）

《圣经·雅各书》上说："设立律法和判断人的，只有一位，就是那能救人也能灭人的。你是谁，竟敢判決别人呢？"

凡人中的我们，如万千树叶中的一片，没有权利去评判别人，更不能无端责备旁人，哪怕是我们的孩子。

告别

是我走的时候了，妈妈；我走了。

当清寂的黎明，你在暗中伸出双臂，要抱你睡在床上的孩子时，我要说道："孩子不在那里呀！"——妈妈，我走了。

我要变成一股清风抚摸着你；我要变成水中的涟漪，当你浴时，把你吻了又吻。（《新月集》）

大风之夜，当雨点在树叶上淅沥时，你在床上会听见我的微语；当电光从开着的窗口闪进你的屋里时，我的笑声也偕了他一同闪进了。（《新月集》）

孩子总有一天会长大，长大了就会离家，但无论身在何方，心里最想念的一定是温柔的妈妈。

人生中少不了告别，一次告别就是一次旅行，告别了父母，才能深刻理解乌鸦反哺、羔羊跪乳的意义。

谈心

汉娜不停地问她父亲许多问题，问到她母亲的外表和她的种种习惯，也问到那时他们家的生活情形；她父亲自然总尽量一个问题一个问题地回答她。在他们谈着话的时候，太阳已经落了下去，天空已变成了一片古铜色。这个大城市到处是一片嘈杂喧嚣之声，而这屋顶上的一小时安静的谈话却使父亲和女儿，使这个老人和这个年轻姑娘彼此之间的热爱更进一步加深了。日光已经完全消失，柔和的露滴已经像眼泪一样洒到他们身上了，他们还迟迟不肯离去。（《沉船》）

人们通常说慈母严父，可父亲也有温柔、耐心、循循善诱的时候，“什么事情让你开心，谁让你烦心，让我来抚平……”（《谈心》）父女之间的倾心交谈弥足珍贵，当他们沉浸其中，不经意间时间已悄悄走远。快乐的时光总是短暂的，美好的场景使人太过留恋，不忍离去。

婴孩出世

上天的第一宠儿，晨曦的孪生兄弟，你从世界的生命的溪流浮泛而下，终于停泊在我的心头。

当我凝视你的脸蛋儿的时候，神秘之感淹没了我；你这属于一切人的，竟成了我的。

为了怕失掉你，我把你紧紧地搂在胸前。是什么魔术把这世界的宝贝引到我这双纤小的手臂里来的呢？（《新月集》）

每一个生命都与生生不息的世界有着神秘的联系，因而都是异常神圣而值得珍惜的。只有坚守这种信仰，生命才可能在日复一日的锤炼中走向崇高。

我来自哪里

“我是从哪儿来的，你在哪儿把我捡起来的？”孩子问他的妈妈说。

她把孩子紧紧地搂在胸前，半哭半笑地答道——

“你曾被我当作心愿藏在我的心里，我的宝贝。

你曾存在于我孩童时代玩的泥娃娃身上；每天早晨我用泥土塑造我的神像，那时我反复地塑了又捏碎了的就是你。

你曾和我们的家庭守护神一同受到祀奉，我崇拜家神时也就崇拜了你。

你曾活在我所有的希望和爱情里，活在我的生命里，我母亲的生命里。”（《新月集》）

每个生命当然都源于“母亲”，这既是一个怀着心愿的具体的母亲，更是一个文化意义上的“母亲”（传统），甚至，还是一个宗教意义上的“母亲”（神灵，人类灵魂的隐秘的发源地及守护者）。而这三位“母亲”又合而为一，流淌在我们的血液里。

第二章

美德·人生

美德是什么？有人说它是“以家为家，以乡为乡，以国为国，以天下为天下”（《管子·牧民》），是爱国爱乡的责任；有人说它是“天行健，君子以自强不息”（《周易·乾卦》），是自立自尊的向善；有人说它是“言必信，行必果”（《论语·子路》），是诚信知礼的修养；还有人说它是勤俭图强的品行，是清廉自律的操守，是和谐宽容的性情……

美德究竟是什么？不同的人有不同的理解。于我而言，美德是一个人品格的最佳体现，它能反映一个人的基本素养。

人生需要美德。汉字的“人”，只有两笔，一撇一捺，但要写好并非易事。这两笔内涵丰富，哲理深奥，有一笔写不好，那便是人生的败笔！而美德正是支撑“人”字的坚实保障，离开了它，人生这座大厦必将倾颓。

人生就是一个过程，只有不停地耕耘，不停地磨砺，不停地鞭策，不停地学习，才能把人字的最后一笔写得更加壮丽。写好一个人只需两笔，做好一个人却要一生。

我为叶狂

果实的事业是尊贵的，花的事业是甜美的；但是让我做叶的事业吧，叶是谦逊地、专心地垂着绿荫的。（《飞鸟集》）

当我们大为谦卑的时候，便是我们最近于伟大的时候。（《飞鸟集》）

谦逊使人高贵，自傲使人浅薄，一片小小的叶子因着它的谦逊品格而变得璀璨夺目，一条蜿蜒的溪流因着它的谦逊态度最终才能奔流到海，成就其伟大。

责任之花，香满人间

小花问道：“我要怎样地对你唱，怎样地崇拜你呢，太阳呀？”

太阳答道：“只要用你的纯洁的素朴的沉默。”（《飞鸟集》）

朝晖夕月，和风细雨，各有其职。太阳的职责是温暖人间，清泉的职责是滋润万物，森林的职责是为鸟儿提供安家之所，而小花的职责是静默地开放。

责任之花，含苞而立，只要肯为它浇灌，它定会为你开放，香满人间，你也会收获满园春色。

放低姿态

蜜蜂从花中啜蜜，离开时营营地道谢。浮华的蝴蝶却相信花是应该向它道谢的。（《飞鸟集》）

埋在地下的树根使树枝产生果实，却不要求什么报酬。（《飞鸟集》）

感恩是一种修养，低调是一种智慧。

接受也是一种美德

如果我是一个诗人，我一定会送给你我的诗集，但我不是，我没有什么可以答礼的东西。施惠于人的力量我是没有了，但我却总有受惠的能力。这个意外飞来的礼物对我有如何重大的意义，只有无所不知的上天和我自己知道。这礼物本身是一件可以看见的、有形体的东西，但我的感激却是无形的，这只能靠我的语言来传达。（《沉船》）

曾经固执地以为施比受更伟大、更幸福，可事实上，有时接受也是一种美德，从某种意义上说，接受并不比施与低贱，而恰恰是对馈赠的一种尊重和肯定。

大地无私地给人类提供丰登五谷，而人类在接受大地施与的同时也在付出自身的劳作，让大地更加美丽和富饶。接受是一种幸福，更是一种美德。当给予者捧着一份真情而来，愉快地接受是一种尊重和理解。

不可随心所欲

阿克谢："如果我不同你谈这个问题，这个问题就会完全不存在，你就可以不问后果照样无限制地听凭自己的意愿去享受生活，那当然再没有什么可说了。但社会并不是一个任你这种从不考虑后果的人纵情追欢取乐的猎场。你可能有你的极高超的动机，可以把别人对你的议论全不放在意下；但你也应该了解，像你这样拿汉娜丽妮这样一个女孩子由着自己的性子随便玩，那可能有人会要和你算账的。有人会要你对这件事好好说说你的意思，如果你的意图是要使你所尊敬的人遭到社会的鄙视，那你现在所采取的办法真是最好不过了。"（《沉船》）

在这个社会中，每一个人都不是一座孤岛，而是与他人存在着各种各样的关系，如果随心所欲、纵情取乐，很可能会伤害到周围的人。

劳动的价值

“正当的操劳有什么不对的呢？你们这些受过英国教育的人总是一天到晚在那里讲平等。如果你认为扫地是一种下贱的工作，那你们又为什么让你们的仆人干这种事呢？我没有受过你们的那种教育，但如果你要问我，我的意见是：当我看到一个品德高尚的女人挥动着一把扫帚的时候，我感觉到那扫帚的每一部分都在我眼前闪着像太阳一样的光芒！（对卡玛娜）我已经替你把外面的一片荒地差不多全收拾干净了，亲爱的，现在你得告诉我花坛究竟砌在什么地方。”（《沉船》）

劳动是打开幸福之门的钥匙，尽管劳动的方式各不相同，但劳动本身并无高低贵贱之分。伟大的发明家爱迪生说过：“世界上没有一种具有真正价值的东西，可以不经过辛勤劳动而能够得到的。”劳动是价值之源。尊重劳动者，尊重劳动果实，就是向人类的伟大致敬！

多看别人的长处

卓健德拉于是开始长篇大论地责骂某些专爱造谣生事的人。

“那些过激的宗教家，”他说，“相信在他们出生的时候上天就给了他们一种权力，让他们可以随便诽谤和污蔑同教的人。没有谁比这些吃教饭的人更为残酷无情，更为恶毒的了！”卓健德拉简直越说越气了。

“我完全同意，我完全同意，”安那达连连点头说，“经常谈论别人的短处只会使一个人心胸狭窄，使一个人变得非常多疑，非常无聊。”（《沉船》）

尺有所短，寸有所长。人非圣贤，孰能无过。每个人都有可能犯错，与其互相指责对方的缺点、错误，不如多看看别人的长处，用宽广的胸襟去接纳他人。

爱惜自己的身体

“我所担心的，是他的健康情况经受不起这种长期耗竭神思的生活。”阿克谢叹息着说。

“怎么，他的体质很不好吗？”安那达先生惊问道。

“他对这个问题太不在意了。整天祷告，研究经文，对自己的身体他简直是丝毫也不注意。”

“要那样，那他可是太不对了，”安那达说，“我们没有权利轻视自己的身体，我们的身体并不是我们自己创造出来的。如果我有机会，我一定能使他的身体立刻恢复健康。”（《沉船》）

《孝经》有言曰：“身体发肤，受之父母，不敢毁伤，孝之始也。”健康的身体不仅是成就事业的基础，也是对父母孝敬的表现。

冰释前嫌

“要是那一天你对我讲这些话，我一定不会相信！”

“这事在今天也仍然和那时一样令人难以信服。我现在要你同我一起到我结婚的那个村子里去一趟，然后我将领你到卡玛娜的舅父家里去。”

“我什么地方也不要去，就坐在这把椅子上一动也不动，我对你所讲的每一个字也完全相信。过去我对你几乎一直是盲目信任的，你必须原谅我偶尔一次违反了我自己的习性。”

卓健德拉从椅子上站了起来，两个老朋友热烈地拥抱着。（《沉船》）

鲁迅《题三义塔》云：“度尽劫波兄弟在，相逢一笑泯恩仇。”描绘了历尽沧桑后兄弟拥抱和解的感人场景。用火融化冰，用温暖感动冷漠，我们才能消除误解，收获更多的友谊。

以生命之火点燃爱的明灯

灯火，灯火在哪里呢？用熊熊的渴望之火把它点上吧！

灯在这里，却没有一丝火焰——这是你的命运吗，我的心啊，你还不如死了好！

悲哀在你门上敲着，她传话说你的主醒着呢，他叫你在夜的黑暗中奔赴爱的约会。

云雾遮满天空，雨也不停地下。我不知道我心里有什么在动荡——我不懂得它的意义。

一霎的电光，在我的视线上抛下一道更深的黑暗，我的心摸索着寻找那夜的音乐对我呼唤的径路。

灯火，灯火在哪里呢？用熊熊的渴望之火把它点上吧！

雷声在响，狂风怒吼着穿过天空。夜像黑岩一般的黑。不要让时间在黑暗中度过吧。用你的生命把爱的灯点上吧。（《吉檀迦利》）

以生命之火点燃爱的明灯，这灯火便是生命，便是爱。四周越黑暗，这灯火就越显明亮。不管是乌云蔽日，还是暗夜无边，有爱的明灯指引，我的心永远不会迷失方向。

不以貌取人

你可以从外表的美来评论一朵花或一只蝴蝶，但你不能这样来评论一个人。如果这女孩子将来能和她母亲一样做一个贤良的妻子，那哈梅西就应该认为自己是非常幸运了。（《沉船》）

有这样一个故事：战国时期的杨朱有一次到宋国去，在一个旅店里住宿，发现旅店主人有两个妾，一美一丑，丑的地位尊贵，而美的地位卑贱。杨朱好奇地问店主原因。店主回答说："长得漂亮的自以为漂亮，所以举止傲慢，可是我却不认为她漂亮，所以我让她干粗活；另一个认为自己不美丽，凡事都很谦虚，我却不认为她丑，所以就让她管理钱财。"

外表美不如内在美，相貌美不如心灵美。请在心灵上播下一颗美的种子，让它开花结果。追求美，不是求得华丽的外表，而是美好的心灵。

在爱面前

世界对着它的爱人，把它浩瀚的面具揭下了。它变小了，小如一首歌，小如一回永恒的接吻。（《飞鸟集》）

即使是世界，在爱的面前也愿谦卑，愿投入那无涯无际的热吻中去。在泰戈尔的诗歌里，爱仿佛是一片海洋，只想把自己投入其中，在爱的柔波里徜徉；在泰戈尔的诗歌里，爱仿佛是黄昏的余晖，金黄、温暖、柔和，就那么轻轻柔柔地泻下来，把整个世界环抱。

低头与抬头之间

我们如海鸥之与波涛相遇似的，遇见了，走近了。海鸥飞去，波涛滚滚流开，我们也分别了。（《飞鸟集》）

别后重逢，人生又有几回？多少人总是在别后低头思念着曾经的过往，却忘了抬头观照眼前的人物。于是，人生总是有那么多的悲欢离合，有那么多的美好回忆。而就在这低头与抬头之间，人走完了自己的一生。

同为舟中人

我们的生命就似渡过一片大海，我们都相聚在这个狭小的舟中。死时，我们便到了岸，各往各的世界去了。（《飞鸟集》）

生命就是一段旅程，在这个只能向前不能后退的旅途中，相聚是一种缘分，缘聚缘散尽在一瞬之间。

佛曰：前生五百次的回眸，才换得今生的一次擦肩而过。同为生命之舟中的你我，请彼此珍重，因为到了生命的尽头，我们就要各自上岸，从此分开。

失去未尝不是一种收获

如果你因失去了太阳而流泪，那么你也将失去群星了。（《飞鸟集》）

花开花落总有时，我们不能苛求永远拥有而未曾失去，有时失去也未尝不是一种收获。

曾经听说过这样一个故事：一个圆环因为失去一个部件而滚动得非常缓慢，这样一来它在沿途就可以欣赏鲜花，可以和太阳说话，可以跟地上的小虫聊天……这些是它在完整无缺时绝对享受不到的。

并非一切失去都意味着缺陷，维纳斯因为失去了一双手臂而成就其韵味无穷。如果你因为失去昨天而追悔莫及，那么你也将错过明天了。用一颗平常心去对待得与失，得是圆，失也是圆。

勿盲目责备

不要因为自己没胃口而去责备你的食物。(《飞鸟集》)

我们把世界看错了，反说它欺骗我们。(《飞鸟集》)

莎士比亚在《驯悍记》中写道：“头眩的人以为整个世界都在旋转。”当我们身处逆境时，首先不要盲目责备他人和社会，而要学会反求诸己。

人要学会与世界和解的方式。恰如蒙田在《论虚空》中所说：“犹如把一种草移植到完全不符合条件的土壤里，能做到的是草适应土壤，不是土壤适应草。”

世界还是那个世界，改变的是我们的心态。无声的宽容胜过有声的责备，用善良引领善良，用美好指引美好，用爱牵引爱，你的生活会更加美好。明智的人调整自己，而不是去责备世界。

别被苦难绊了双脚

你的担负要变成你的赐赠，你的痛苦也将烛照你的道路。（《歧路》）

多数人都认为，幸福就是一帆风顺，幸福就是万事如意。但是，别忘了人来到这个世界，上帝让他做的第一件事就是啼哭，用意在于使其明白：人是在苦难中长大的。

莎士比亚曾对一个失去双亲的孩子说："你是多么的幸运啊，因为你拥有了不幸。"不幸是软弱者的绊脚石，却是成功者进步的阶梯。在人生的旅途中，你经历的每一次苦难都将在合适的时候派上用场。

蚌沉于海底低声悲吟，经历岁月才磨出温润莹泽的珍珠。人的生命似洪水般奔流，不遇岛屿、暗礁，难以激起美丽的浪花。

我就是我

鸟儿愿为一朵云，云儿愿为一只鸟。（《飞鸟集》）

这让我想起了围城，外面的人想走进来，里面的人想走出去。若鸟儿真变成天边的一朵云，那它是否会羡慕从它眼前自由掠过的飞鸟？若云儿真变成空中的一只鸟，那它是否会羡慕在它身边悠然飘过的朵朵白云？

其实，人生大可不必这样过。我就是我，是颜色不一样的烟火；天高海阔，要做最坚强的泡沫。

岁月无痕，星河依然。时光流转，吾心无怨。勇敢地做你自己吧，朋友！

生死之间

使生如夏花之绚烂，死如秋叶之静美。（《飞鸟集》）

歌德说：“能将生命的起点和终点连接到一起的人才是最幸福的人。”因为起点和终点是生命之线的两头，两头连接到一起就是一个圆，圆满的圆。

生如夏花之绚烂，死如秋叶之静美，是对生死最好的诠释。

活着就应该让自己的生命充满诗情画意，在四季轮回的交替里，绽放花的笑颜，做一道独特的风景线。

把心门打开

有人一直行进，有人到处流连，有的人是自由的，有的人是锁住的——我的脚被我沉重的心压得疲倦了。（《园丁集》）

自由的心灵如源头活水，能时时给人提供补给；上了枷锁的心，只会阻挡你前进的步伐，使你的脚步越来越沉重。

不要尘封你的心，把心门打开。青春的世界里，没有忧郁；不要总是那么冷漠，忘了给别人和自己欢声笑语；不要蜷缩在书堆里，外面是鸟语花香，阳光属于你；青春如此可贵，需要你欣赏、创造、亮出自己；世界如此辽阔，等着你去远足、寻访、探索奥秘……

快把心门打开，去收获一份惊喜、一份感动、一种美丽的人生。

让生命的露珠闪烁耀眼的光彩

青春一年一年地消逝，春天是短暂的，柔弱的花朵无意义地凋谢，聪明人警告我说，生命只是一颗荷叶上的露珠。（《园丁集》）

生命本是一场奇异的旅行，这趟旅行只有往没有返；青春只是生命之旅的一个阶段，它是生命里的一片净土，像一轮冉冉升起的晨阳，朝气蓬勃，富有生气。然而朝阳总有西下的时候，无论多么孩子气的面孔，总有一天会变得成熟稳重；多么幼稚的容颜，也终将刻上岁月的痕迹。

生命仿佛荷叶上的点点露珠，晶莹剔透却无法永久存留，与其费尽全力，拼命挽留，到头来发现一切徒劳，倒不如泰然处之，使其闪烁晶莹的光彩，散发熠熠的光辉。

得失之间

我寻求那得不到的东西，我得到我所没有寻求的东西。
我自己的愿望的形象从我心中走出跳起舞来。这闪光的形象飞掠过去。
我想把它紧紧捉住，它躲开了又引着我飞走下去。
我寻求那得不到的东西，我得到我所没有寻求的东西。
（《园丁集》）

得失之间存在着某种奇妙的关系。付出未必得到，得到却又是某种意义上的失去。莎士比亚写道：“我们为没得到的东西而欢笑，为获得的东西悲痛，仍然几乎是一群孩子。我们只好感谢现有的一切，把自己无法穷究的问题交由神灵去处理，而让自己的悲悼与欢乐随着时间变化。”

努力过，得到过，失去过；珍惜你所拥有的，忘怀你所失去的。这便是我们的人生和该有的人生态度。

珍惜时光

我已经进入我有生以来的第二十七个年头了。这件事不断浮现在我的心头——近来，似乎没有发生过别的什么事情。

但是，人到二十七——这难道是一件区区小事吗？——这不是在说，一个人已经度过了一生第三个十年中最好的时光，在向三十奔去吗？——三十岁——这意味着成熟——在这个年纪，人们期待的与其说是嫩叶，不如说是硕果。（《孟加拉掠影》）

孔子说：“吾十有五，而志于学。三十而立，四十而不惑，五十而知天命，六十而耳顺，七十而从心所欲，不逾矩。”（《论语·为政》）我们既不需要老成的孩童，也不需要长不大的老人。人生要按照四季的更替完善自己，要在合适的年龄做合适的事情。精彩的人生不欢迎迟到的旅客。所以，珍惜时光，把握生活的每一刻吧，那是我们唯一真正拥有的财富。

只有精神才能触到的花朵

我握住她的手把她抱紧在胸前。

我想以她的爱娇来填满我的怀抱，用亲吻来偷劫她的甜笑，用我的眼睛来吸饮她的深黑的一瞥。

呵，但是，它在哪里呢？谁能从天空滤出蔚蓝呢？

我想去把握美；它躲开我，只有躯体留在我的手里。

失望而困乏地，我回来了。

躯体哪能触到那只有精神才能触到的花朵呢？

（《园丁集》）

人们总想把美好的东西据为己有，误以为牢牢握在手中就是得到，如此一来，我们难免会被贪欲侵蚀……

多少人喜欢花朵，却在花开正艳时，将其折下插入花瓶；多少人喜欢蜂蝶，却在蜂飞蝶舞时，将其捕捉制成标本；又有多少人喜欢飞鸟，却在其本应自由飞翔时，将其诱惑关入笼中。

可是，真正的爱不是占有，它别有韵味：与花儿一起微笑，聆听风的声音；和蝶儿一起飞舞，欣赏优美的舞姿；看鸟儿展翅飞翔，体验蓝天的宽广。

真正的爱，神圣不可侵犯，它高于肉体贪欲，存在于人的灵魂中。

爱是一种境界，是一种精神追求。

把自己的忧伤抱紧

把自己的忧伤抱紧，决不受人安慰，是英勇的。（《园丁集》）

有的伤痛是任何人都不能安慰的。把自己的忧伤抱紧，自己为自己疗伤，一个人前行，一个人思念，一个人坚强，像个英勇的战士般伫立在天地之间。

永无止息的斗争

夜寒使哈梅西的疲倦的身子抖了几下，一种恐惧忽然向他袭击过来，占据了他的心。明天，他还必须到生活的猎场上去进行战斗。苍天的光滑的脸面上，没有留下一丝烦恼的痕迹，月光的宁静没有受到任何骚乱活动的搅扰；夜是那样悄然无声的沉寂，整个宇宙，尽管布满了无数永远在行进中的星星，却也仍然能得到永恒的安宁；只有人的喧嚷的斗争是永无底止的。顺境也好，逆境也好，人生永远是一场没完没了的斗争，一场以少击多的斗争。（《沉船》）

一边是无极世界永恒的安宁，一边却是人世间永恒的斗争，面对浩瀚的宇宙，你我犹如沧海之一粟，怎样在这个世界好好生存，这是一个值得思考的问题。

得不到的永远在骚动

哈梅西费尽神思要想解决良心对他提出的那个无法解决的问题。很明显，在卡玛娜和汉娜丽妮之间，他必须有一个选择；妥协的办法是没有的，要她们两人共同伴着他度过一生更是不可能的事。从责任方面讲，他究竟应该怎么做，那是毋庸怀疑的。汉娜丽妮还能有别的出路，她可以整个忘掉他，然后和另外一个追求她的人结婚；但如果抛弃卡玛娜，那就等于是把一个赤手空拳的孩子抛到一片茫茫的大海中去。然而——人就是这么自私的一种动物——想到汉娜丽妮可能会忘记他，想到她能够有别的办法，并非少了他就没法生活下去，哈梅西并不觉得他因此可以感到安慰。相反的，这种思想倒更加强了他对她的思念。（《沉船》）

每个人都会有这样一种错觉，总觉得那些得不到的东西才是最好的，够不着的东西才是最想要的。于是，我们总是不停地仰望，不停地寻找，仰望那些看似离我们很近，但实际上却并非唾手可得的东西，寻找那些可望而不可即的东西，如镜中花，水中月。

无法理解的生活

卓健德拉说："我可真不了解你们讲这些话是什么意思。按照一般人的生活方式来生活，我不明白有什么令人不舒服的地方，我更不理解私下进行一些奇怪的活动又究竟有什么好处。那一类行动只会慢慢使人的思想失掉平衡，并且使一个人变得很片面。你可不要因为我的话生气。我是一个非常平庸的人。在世界的舞台上，我是坐在最低的那一排座位中，除开拿石头扔，我就没有办法和那些坐在极高处的人接触。世界上像我这样的人可是多得无数的，如果你把他们全丢在后面，只顾自己往上爬，爬到你自己的那个虚无缥缈的世界中去，那你可就变成无数石头的攻击目标了。"（《沉船》）

是啊，世上总有人在那里扔石头。出于嫉妒，出于从众，出于对别人生活方式的不理解。石头，可能伤害别人，也可能落下来砸伤自己。每个人都有权利选择自己所认为的幸福生活。尊重多元，和而不同，唯其如此，人生才丰富，世界才精彩。

一成不变

卓健德拉："我必须再一次求你不要生我的气，纳里纳先生。在你自己的屋顶上你爱怎么着就怎么着，我没有权利反对。我的意思只是，如果一个人始终在一般习俗的范围之内行事，那别人也就无话可说了。以我个人说，叫我永远走在别人行走的道路上，我也并不觉得有什么不舒服。你只要一步跨出大路的界线以外去，马上就会有一大群人围到你的身边来。不管他们是咒骂还是赞扬，那都无关紧要。但长期在一大群成天吵吵嚷嚷的人中间讨生活，可真是一件令人无法忍受的事！"（《沉船》）

有的人习惯了永远过一种常规的生活，沿着前人走过的路前进，路线稍有偏差就恐慌不已。墨守成规，能给他们安全感，但是这样的生活难免缺乏新鲜感，令人感到乏味。

人生得一知己足矣

“听到老太太生病的消息，真使我感到非常不安。”安那达先生说，“但愿上天保佑她早早恢复健康。过去的几个星期，你给我们的帮助真是太大了，我觉得我恐怕是永远也没法报答你了。”

“您这是哪儿的话，我对您倒实在是感恩不尽的。”纳里纳克夏回答说，“您对我的种种照顾真正表现了邻里之间彼此关怀的感情。此外，您的热情的心使得我过去思考了很久的一些较玄奥的问题产生了新的意义。您对生活的态度，进一步鼓舞了我的思考活动和我的宗教热忱，并使它们对我有了更大的实际效用。我现在才真正地明白，和一些跟自己意趣相同的人交往，真可以使一个人受益不浅。”（《沉船》）

朋友易得，知己难觅。因此大家常常感叹：人生得一知己足矣。人之相识，贵在相知，平生能遇到一个志趣相投之人，那将是人生一大财富。

单纯的幸福

请不要眷恋她的心，我的心儿，让它留在暗处吧。

假如美丽的只是她的秀姿，微笑的只是她的脸面，那又该怎么样呢？就让我毫不迟疑地领受她双眸顾盼时的单纯的意义，而感到幸福。

她的柔臂缠绕着我，我不在意这是否是一张虚幻的罗网，因为这罗网本身华丽而珍贵，这欺骗可以付之一笑并且淡忘。（《游思集》）

假如音乐真真切切，而所配的词不足为信，那么，我想我也会心满意足；假如有人在波光粼粼的水面上翩翩起舞，哪管它水下蕴藏着什么呢！这恰若莎士比亚所言："为了各种不同的美点，我曾经喜欢过各个不同的女子。"不要贪求太多，秀姿、脸面、柔臂，得到一个"单纯的意义"，便是幸福！

抛开习俗

在这些村民之中，社会习俗的束缚比在受过教育的人当中要严重得多，每一家人的吃喝、起居以及所作所为，无论是白天或黑夜，似乎每时每刻都在社会的监督之下，每一个人对风俗习惯都盲目地相信，从来没有对它们产生过一丁点儿怀疑。不过，对风俗习惯和社会束缚的盲从，似乎并没有使他们产生一点点改善自己生活的能力。（《戈拉》）

那些习俗毫无道理地把某些荒唐的条条框框强加于人，造成人为的隔膜和痛苦。

只有抛开习俗，人的天性才能自由发展。

匍匐和端坐

宗教和宗教制度是两个不同的概念——就像火焰和灰烬一样。当宗教由于宗教制度而变得渺小时，河沙统治着河水，然后源泉不流，出现炽热的沙漠……宗教说，作为现实的人的个体是值得尊敬的，不论他出生在哪个家里。宗教制度说，出生在婆罗门家里的人，他是值得尊敬的，不管他是多么大的蠢人。（《戈拉》）

就那些磕长头的信众而言，我们看到的是一个个匍匐在地的身体。匍匐的是身体，而端坐的是灵魂。他们的心中住着神。他们和佛陀同样伟大。言语、衣着、财富、制度，一切尘世的意义都与灵魂的姿态无关。匍匐还是端坐，看的是心。

创造充满喜乐

我们的主，躬亲示范，主动创造，怡然自得。他永远和我们在一起。（《吉檀迦利》）

创造是造物主的一种充满喜乐的游戏，所以造物主和创造物并非是分离的，而是统一的，统一于创造所产生的“喜”。

瞬息万变的世界

万物向前奔驰，从不停步，从不回头张望，任何力量都不能把它们拉回来，它们朝前狂奔。（《吉檀迦利》）

星星在黑暗之中骤然化作一道光亮，然后便默默地消失了。任何事物都不是处于一种恒常的状态中。事物瞬息变幻，从一种形式转变为某种其他形式，其速度之快甚至使我们来不及凝眸注视。

死亡是生命的一部分

生命作为一个整体永远不会把死亡看得很严重，在死亡面前它欢笑、舞蹈和游戏，它建设、贮藏并相爱。（《人生的亲证》）

死亡是生命整体的一部分，生和死之间没有根本的对立，它们就如同脚步的抬起和落下一样，紧紧依偎。生和死的轮番交替正是生命整体律动的自然表征。死是另一种形式、另一种形态的生。

束缚和自由

束缚和自由在爱中并不是对立的，因为爱是最自由的，同时又是最受束缚的。……我们并不是只渴望自由，我们同样也要求束缚，爱的崇高职能就是愿意接受一切束缚并要越过它们，因为没有任何东西比爱更具有独立性，再则，难道在别的什么地方我们也能找到这么多依赖性吗？在爱中，束缚也像自由一样是令人愉快的。（《人生的亲证》）

真正的自由离不开束缚，自由在一定的束缚中才能更好地实现。在行动的束缚中才能获得内在灵魂的自由。自由和束缚的关系就如同奔腾不息的河流与堤岸的关系，如果没有堤岸的管束，河水就会漫流一片而无法奔腾向前。

第三章

心态·智慧

常常听人嗟叹：生活不如意，幸福很遥远。我想说：不是拥有幸福的人才幸福，而是能够感受幸福的人才幸福。人，之所以快乐，不是因为得到得多，而是因为计较得少、包容得多；人，之所以充实，不是因为拥有得多，而是因为看到得多、感受得多。

幸福与否，不仅取决于外在，更取决于我们的心态。人无法完全把握世界，却可以把握自我的内心。奥地利小说家卡夫卡说："凡是真正的、耐久的、有价值的东西，都是来自内心的礼物。"（古斯塔夫·雅诺施《谈话录》）人要在内心建造幸福的殿堂。内心开满花，人生才会充满爱，人才是幸福的。

世界是回声谷，我们给予爱，世界才会给予我们温暖。1994 年，诺贝尔经济学奖获得者约翰·纳什在瑞典斯德哥尔摩发表获奖感言时说道："最终，我还是回到了现实中，我找到了一生中最重要的发现，在爱的支持下，任何逻辑关系和真理都会被发掘。"爱通达信、望，通达一切使生活有意义的人和事物。

"爱出者爱返，福往者福来"，爱，是最伟大的智慧！

一如那海边的暮色

当我没有什么事做时，便让我不做什么事，不受骚扰地沉入安静深处吧，一如那海水沉默时海边的暮色。（《飞鸟集》）

智者曰：非淡泊无以明志，非宁静无以致远。有时，沉默如夜色是一种智慧的表现。

巍峨的高山是缄默的，大海的深处是无言的。沉默并不是空虚，而是实在；沉默不是贫乏，而是言必求精。沉默并不是忧郁，而是宽广胸襟；沉默并不是无为，而是深思远虑。

沉默是一种积极的入世观，平静下来，以一颗平常心去对待一切事物，宠辱不惊，娴静自若地“看庭前花开花落，任大外云卷云舒”。

沉默是一种心态，沉默是一种精神。

生活之乐

让我们生活吧，让我们享受真正的生活欢乐吧，那是诗人将自己倾注在他的诗歌中的欢乐。让我们在我们周围的万物中，在我们所做的劳作中，在我们所用的器物中，在我们交往的人们中，在我们对周围世界的享乐中，表达我们的无限性吧。让我们的灵魂浸透我们周围的一切，并在万物中创造它自己，以满足一切时间的需求来显示它的丰裕富足。我们的生活充满了赐福神的赠礼。群星为它歌唱，晨光为它每日祝福，果实为它成熟香甜，大地上铺展绿草的地毯供它歇息。让它像个乐器，随着那无限灵魂的触动，充分迸发出灵魂之乐。（《人格的世界》）

生活是美好的。它给我们与爱人散步的温馨，与家人晚餐的安宁，与亲朋好友把酒言欢的快意。有花，有草，有开怀的大笑，有奋发的激情，只要认真对待生活，认真享受生活，你定会赞叹：生活，真好！

不为工作所累

当果实充分忠实于它的任务，从枝叶上吸取汁液，随风起舞并在阳光中成熟的时候，它在果核中感到外界的召唤，并准备开始更为广阔的生命历程。然而，生活的智慧在于为你提供舍弃它的力量。死亡是永生之门，所以，做你的工作，但不要让你的工作粘着你。因为当工作随同你的生命一起流动时，它能表明你的生命；当它附着于你之时，就会阻碍你，而且不是显示生命，而是显示它自己。如同河水携带的泥沙一样，它会堵塞灵魂之流。（《人格的世界》）

工作不是生活的全部，只是生活的一部分。为了基本的生存，我们必须工作，但生活中，除了工作，还有许许多多事情等着我们去做，因此不能除了工作还是工作。我们不应该成为工作的机器，如果，它除了让你疲惫不堪以外，还造成健康受损、家庭关系紧张，这样值得吗？

生活给了我们分辨的眼光和舍弃的力量，不要让工作堵塞了你的灵魂之泉。

莫让欲望迷乱了双眼

切勿贪求他人的所有物，因为欲望是妨碍爱的。它是与真理背道而驰的运动，它走向这样一种迷妄，即自我是我们的最终目标。（《人格的世界》）

“乱花渐欲迷人眼”（唐·白居易《钱塘湖春行》）恰是我们当下生活的写照。太多的诱惑、太多的利益纠葛，刺激着人们的欲望不断膨胀。人成为欲望的傀儡，开始忽视生命中真正值得珍惜的东西，开始远离初心。在这个欲望丛生的世界中，请你不忘初心，学会知足，珍爱你所拥有的一切，切莫让欲望迷乱了你的双眼。

心中有爱

当我的心充满了爱，确信世界与我的灵魂合一的时候，难道我不知道那日光会渐次增辉，月光会更加温柔吗？当我歌唱云彩冉冉升起时，雨点便在我的歌声中找到了它的悲伤。自晨曦在我国历史上升起之日起，诗人和艺术家们就把他们灵魂的色彩和音乐融入生存的结构之中。由此，我确知，大地和天空是用人心的纤维编织而成，它们同时又是宇宙之心。倘若这不是真的，那么，诗歌便是虚伪，音乐便是幻觉，缄默的世界就会逼迫人心堕入终极的沉寂。（《人格的世界》）

你是否有过这样的体验：当你在心中种下一粒花的种子，它便会落地生根，还你一片花的海洋；当你的心中充满阳光，太阳的光彩便会照射万物，你所到之处都能看到光芒。

心中有爱，日月都会为之增辉。

不为外物所累

那穿起王子的衣袍和挂起珠宝项链的孩童，在游戏中他失去了一切的欢乐，他的衣服绊着他的步伐。

为避免衣饰的破裂和污损，他不敢走近世界，甚至不敢挪动。

母亲，这是毫无好处的，如你的华美的约束，使人和大地健康的尘土隔绝，剥夺了人进入日常生活的盛大集会的权利。（《吉檀迦利》）

在这个世上生活，人们每天都会面对各式各样的诱惑、牵绊，于生命的发展来说这些都是负累，只会加重我们前进的步伐。能够做到不为外物所累，寻求心灵的自由，方能获得超脱的人生。

用心灵发现美

清晨寂静的大海，漾出鸟语啁啾的涟漪；道旁的繁花全都欢欣鼓舞；璀璨的金光从云缝里洒将下来，而我们忙于赶路，无心理会。（《吉檀迦利》）

宁静的清晨，透明的空气，平静的大海，似锦的繁花，耀眼的光线，这一切美轮美奂，绚丽多姿。大自然用它的画笔轻轻一点就创作出了动人的画卷，供每一个人翻阅欣赏。美，它往往就在我们身旁，住在我们的隔壁，最不经意，也最简朴。挪一挪你的脚步，去叩响美的大门，你会发现生活是这般的可爱。

生活中不是缺乏美，而是缺少发现美的眼睛。

简单的满足

孩童们在无边的世界的海滨聚会。头上是静止的无垠的天空，不宁的海波奔腾喧闹。在无边的世界的海滨，孩童们欢呼跳跃地聚会着。

他们用沙子盖起房屋，用空贝壳来游戏。他们把枯叶编成小船，微笑着把它们放在深远的海上，飘着。孩童在世界的海滨做着游戏。

他们不会凫水，他们也不会撒网。采珠的人潜水寻珠，商人们奔波航行，孩童们收集了石子却又把它们丢弃了。他们不搜求宝藏，他们也不会撒网。

大海涌起了喧笑，海岸闪烁着苍白的微笑。致人死命的波涛，像一个母亲在摇着婴儿的摇篮一样，对孩童们唱着无意义的歌谣。大海在同孩童们游戏，海岸闪烁着苍白的微笑。

孩童们在无边的世界的海滨聚会。风暴在无路的天空中飘游，船舶在无轨的海上破碎，死亡在猖狂，孩童们却在游戏。在无边的世界的海滨，孩童们盛大地聚会着。

（《吉檀迦利》）

这里没有金钱与权力的欲望，孩子们不必苦苦地寻找宝藏，只是无拘无束地玩耍，寻找快乐，寻找最淳朴的简单与美丽。他们是如此快乐，我不禁深深沉醉于这个纯净的世界，如水晶球般晶莹剔透的世界！

童年的我们，很容易就得到快乐。渐渐长大后，我们不再易于满足，总是张着贪婪的双手，不断地向世界索取，常常抱怨自己得到的太少，上帝太不公平，以致在堕落中沉沦，在沉沦中迷失自我，最终被自己的抱怨所淹没。有时候，只是我们错看了世界，却说是世界欺骗了我们！

挣脱心灵的枷锁

“囚徒，告诉我，是谁铸造了这坚不可摧的锁链？”“是我自己，”囚徒答道，“是我煞费苦心铸造的。我以为我无敌的权力会征服全世界，毫无干扰。我就夜以继日用重锤烈火铸造了这锁链。及至工作完成，锁链尽善尽美、坚不可摧，我却发现锁链把我牢牢困住了。”（《吉檀迦利》）

每个人心中都有一把欲望之锁，如若不加控制任它缠绕，最终会把自己牢牢锁死，直到窒息。假如生活被许多的锁链束缚了，那么人只是在背负沉重的枷锁，而非真正在生活。无欲无求即为空，挣脱枷锁，自由飞翔吧！

心灵深处那朵莲

莲花开放的那天，唉，我不自觉地在心魂飘荡。我的花篮空着，花儿我也没有去理睬。

不时地有一段的忧愁来袭击我，我从梦中惊起，觉得南风里有一阵奇香的芳踪。

这迷茫的温馨，使我向往得心痛，我觉得这仿佛是夏天渴望的气息，寻求圆满。

我那时不晓得它离我是那么近，而且是我的，这完美的温馨，还是在我自己心灵的深处开放。

（《吉檀迦利》）

佛经《华严随流演义钞》云："世尊手足圆满如意，软净光泽色如莲花。"莲花，外柔和而内清净，为圆满之像。人生，内外兼修，方为圆满。请于内心植株莲花，缓缓盛开。

此时无声胜有声

若你不说话，我就含忍着，以你的沉默来填满我的心。

我要沉静地等候，像黑夜在星光中无眠，忍耐地低首。

清晨一定会来，黑暗也要消隐，你的声音将划破天空从金泉中下注。

那时你的话语，要在我的每一鸟巢中生翼发声，你的音乐，要在我的林丛繁花中盛开怒放。（《吉檀迦利》）

若你不言，我就无声，这是真正的“此时无声胜有声”。这是能够安慰心灵、填满心灵的沉默。在沉默中守候，在沉默中希望，在沉默中怒放。

顺从天性

像你这么大年岁的姑娘只应该尽量去享受生活；你所关心的应该是穿着和娱乐，而不应该是宗教。你也许要问，我既然这么讲，我自己为什么不那样做。可你知道，我不那样做是有原因的。我的父母都是严格遵奉教义的教徒，我们家这些男男女女的孩子全都是在一个宗教气氛极浓厚的家庭里教养出来的。如果叫我们现在改变过去的习惯，我们就会感到不知该怎么生活下去了。但你所受的教养可完全不同。我很清楚你是在什么样一种环境中长大的，现在你要是去接受另一种生活方式，那就违反了你的本性。强迫改变自己的意趣，亲爱的，可决没有任何好处。我的意思是说，在这一类问题上，应该让每一个人顺从他自己的天性。你决不能这样，亲爱的；你一定得立即放弃这一套东西。吃斋和祷告都是跟你的天性不合的。（《沉船》）

压抑个性，带给人的只有单调、乏味和枯燥，顺从各自的天性，才有多姿多彩的人生。

知足之心

她告诉自己必须抱定决心这样做去："从明天起，我决不再存丝毫悔恨之心；我决不显出不愉快的颜色；我决不为了我所不能达到的奢望愁苦叹息。我一定得完全满足于终身在这里服役。我将永远、永远也不再有任何其他的要求。"

她上床睡下了，在翻来覆去折腾了一阵之后，她终于睡去。夜里她又醒过来两三次，每次醒来的时候，她都像背诵一段神诰似的对自己说，"我将永远、永远也不再有任何其他的要求。"早晨起身的时候，她也交抱着双臂集中全部毅力重申自己的决心，"我将终身在这里服役，并且永远、永远也不再有任何其他的要求。"（《沉船》）

明代文学家孙能传在《剡溪漫笔》中记载了这样一个小故事：

"金溪胡九韶家甚贫，课儿力耕，仅给衣食。每日晡焚香，谢天赐一日清福。其妻笑之，曰：'一日三餐菜粥，何名清福？’答曰：‘吾幸生太平之世无兵祸，又幸一家饱暖无饥寒，又幸榻无病人，狱无囚人，非清福而何？’”

金溪人胡九韶，教子读书，从事农耕，仅得温饱，然每天黄昏焚香感激上天赐予他一日的清福。在胡心中，身处太平盛世、衣食果腹、家无病人和囚犯，即是清福。

可见，知足之心和拥有的多寡无关。一日三餐粗茶淡饭，也能够享受生活中的天伦之乐。有人会将“知足常乐”和“不思进取”混淆，其实，知足是对自己所拥有的生活有一种深深的感激，进取是在能力范围内寻求更大进步的渴望，两者并不矛盾。

周而复始

旧的言语刚从舌尖上消失，新的音乐又从心头迸发而出，旧的车辙消失无遗了，新的田野又显示出奇观来了。（《吉檀迦利》）

以前的路，即使走得不完满，亦逐渐明白，人应有颗前行的心。生命是周而复始的循环，但绝不是原地的踏步。“光阴者，百代之过客也”（唐·李白《春夜宴从弟桃花园序》），在岁月的流逝中，我们一路行走，一路收获。这样的人生，才会有完满的终点。

生死面前

你只想到父亲什么事都能干，但你还不明白，碰到生和死的问题，你的父亲完全和一个初生婴儿一样无知，一样无能为力。现在你已经看出我是如何毫无能耐了！上天给了你父亲一颗热爱你的心，却并没有同时让他有解除你的痛苦的能力，说完他就举起手来抚摸着他女儿的头顶。（《沉船》）

一个父亲无论如何地疼爱自己的女儿，也不能代替她感受痛苦。有的痛楚只能一个人独自咀嚼，就像生老病死一样，每个人都得去面对，去承受，没有人能够替代你。在生死面前，人人平等。

让自己成为美好

我不能拣选最好的，最好的来拣选我。（《飞鸟集》）

人人都想得到最好的东西：最美的爱情，最真的友谊，最亲的家人。可是，在得到之前，你有没有去思考自己付出了什么，你的所作所为是否值得他们把最好的东西给你。有因才有果，要想得到最好的，就要让自己做到最好！

拒绝的权利

广袤的沙漠为一片草叶燃起炽烈的爱火，草叶摇摇头，笑着飞走了。（《飞鸟集》）

这是一种什么样的心境，竟如此了得！一望无际的沙漠，这位追求者声势是多么的浩大；一片小小的草叶，身份是如此的卑微。但是它也有拒绝的权利，并且姿势优雅地笑着飞走了。世间万物皆平等，每个人都属于他自己。

聆听尘世的私语

听，我的心儿，聆听这尘世的私语吧，这是在向你示爱啊！（《飞鸟集》）

大自然是那么可爱，世俗之心却常常蒙蔽我们。美无处不在，我们却一直追求着那些华而不实的东西。风过树梢，鸟鸣啁啾，让我们用沉静下来的心去感受生命的光。

人生的得与失

因为失去了那份爱，人生才变得更加丰厚。（《飞鸟集》）

正因为失去，我们才懂得珍惜。失去是生活里必不可少的部分，只有经历了，你的人生才可能完整。

豁达面对

敞开你的门，任那要走的走吧，因为阻拦反倒得不偿失。（《流萤集》）

要知道，世界上有许多事是强求不来的。越是执着，越会让你筋疲力尽。只有以豁达的心对待得失，才能笑傲江湖。

只为了再回到你身旁

只因春日更迭再来，圆月别后又访，花儿年年返回枝头绽放，就像我和你道别，只是为了再回你身旁。（《新月集》）

有些坚忍，是为了更大的成功；有些离别，是为了永久的重逢。我们分开，各自追寻梦想，但我会再次回到你身旁。

最高的欢乐

人类最高的欢乐并不在于占有而在于获得，同时那也是失。（《人生的亲证》）

占有是为了满足自身感官需要，而人的物质性感官欲望是有限度的，当达到并超越这个节点，肉体的享乐也就到了终点。相反，寻求无限的精神欲求能使人的灵魂得以自由翱翔。

获得的同时也是失去，因为获得是对无限的企盼，是对真理的追求，它要求不断舍弃那些物质性的东西，所以失去的只是外在的有限的物质财富——那些正是人生的重负。

错误与真理

如果你把所有的错误都关在门外，真理也要被关在外面了。（《飞鸟集》）

错误经不起失败，但是真理却不怕失败。（《飞鸟集》）

歌德说过：“错误同真理的关系，就像睡梦同清醒的关系一样。一个人从错误中醒来，就会以新的力量走向真理。”错误与真理有时仅有一步之遥，不要因为害怕犯错就停滞不前。但错误和真理又决不可同日而语，错误经不起推敲，但真理却不怕考验；真理之川正是从错误之沟渠中流过。

大理无言

小理可以用文字来说清楚，大理却只有沉默。（《飞鸟集》）

杯中的水是光辉的；海中的水却是黑色的。（《飞鸟集》）

亲爱的朋友呀，当我静听着海涛时，我好几次在暮色深沉的黄昏里，在这个海岸上，感到你的伟大思想的沉默了。（《飞鸟集》）

这也许就是老子所谓的“大音希声，大象无形”的道理。有时越是素朴的东西越沉重，表面光鲜璀璨的事物不一定珍贵。大爱无言，实际的行动昭示着一切。

理智是把双刃剑

全是理智的心，恰如一柄全是锋刃的刀。它叫使用它的人手上流血。（《飞鸟集》）

重感情而失理智是愚昧，重理智而无感情是麻木。应该是情感中有理智，理智中有情感，二者结合才能在人生的长河中激荡出五彩的波澜。

理智是把双刃剑，保护自己的同时也伤害了自己。全是理智的心，是冰冷又麻木的，没有了情感的滋养，会日渐枯竭干涸。一味地运用理智，而克制自己的感情，会使你的内心压抑，情感空白。

“无情未必真豪杰，怜子如何不丈夫。”（鲁迅《答客诮》）理智与情感并辔而行、刚柔相济，人生才不致沦为冰冷的机器。

以柔克刚

不是槌的打击，乃是水的载歌载舞，使鹅卵石臻于完美。（《飞鸟集》）

曾经听过这样一个故事：风和太阳比赛谁的力量大，他们看见一个老农，就约定谁能把老农的衣服脱下来谁就胜利。于是，风使出全身的力气，希望能把农民的衣服吹下来，可是他越使劲，农民把衣服裹得越紧，最后风只好灰溜溜地败下阵来。这时，太阳出场了，他用自己温暖的光辉，轻轻地抚摸农民的身体，而且愈来愈亲切，农民满身是汗，主动地把衣服脱下来。太阳获得了胜利。

有时，刚劲的不一定就强大，柔软的不一定就弱小。柔能克刚，正如水滴是柔软的，石头是坚硬的，最终却能水滴石穿；绳子是柔软的，木头是坚硬的，最终却能绳锯木断。

柔，是一种处事办法，一种智慧。

苦亦甜

我曾经受苦过，曾经失望过，曾经体会过“死亡”，于是我以我在这伟大的世界里为乐。（《飞鸟集》）

苦难可以毁灭一个人，也能成就一个人。强者会把苦难作为自己奋进的风帆，弱者会在苦难中自怨自艾、自甘沉沦。苦也好，难也罢，假如你能善用苦难，那么将来的某天，你定会感激它。当苦尽甘来，你会尝到苦亦甜，甜更甜。

苦难让人痛恨，让人害怕，但是请你记住：你学过的每一样东西，你遭受的每一次苦难，都会在你一生中的某个时候派上用场。

接受苦难，是一种睿智；利用苦难，是一种大勇。

醉酒的智慧

我在稳重聪明的街坊中间虚度了日日夜夜。

过多的知识使我白了头发，过多的观察使我眼力模糊。

多年来我积攒了许多零碎的东西：

把这些东西摔碎，在上面跳舞，把它们散掷到风中去吧。

因为我知道喝得烂醉而堕落灭亡，是最高的智慧。（《园丁集》）

“李白斗酒诗百篇，长安市上酒家眠，天子呼来不上船，自称臣是酒中仙。张旭三杯草圣传，脱帽露顶王公前，挥毫落纸如云烟。”（唐·杜甫《饮中八仙歌》）李白，诗仙也；张旭，草圣也。醉酒，不是身体的醉，而是精神的醉。醉酒，是醉心于酒神精神，醉心于放浪形骸、无拘无束的心态。“久在樊笼里，复得返自然。”（东晋·陶潜《归园田居》）生活太压抑，偶尔的“醉酒”，是对生活的超越。

用心倾听

不要把你心的秘密藏起，我的朋友！

对我说吧，秘密地对我一个人说吧。

你这个笑得这样温柔、说得这样轻软的人，我的心将听着你的语言，不是我的耳朵。

夜深沉，庭宁静，鸟巢也被睡眠笼罩着。

从踌躇的眼泪里，从沉吟的微笑里，从甜柔的羞怯和痛苦里，把你心的秘密告诉我吧。（《园丁集》）

朋友，是互相分担；朋友，在你无助时能给予你动力。所以，不要把心事秘密藏起，不要一个人独自吞噬痛苦。

快乐与朋友分享，快乐就会翻倍；痛苦与朋友分担，痛苦就会减半。

精神的力量

在印度，很多人都看到过渡火，尽管不曾对这种现象进行过科学的调查。关于信仰疗法的效果如何，可能其说不一，各持己见，但是，信仰疗法表现了精神对物质的影响。早在人类历史的曙光出现之时，人们就接受了这个疗法的真理性，并在实际中应用。我们的道德培养方法是以下述事实为基础的：依靠改变我们的精神焦点，改变我们的看法，从而改变整个世界；并且由于事物价值的改变，原有世界也就成了不同的创造物。（《人格的世界》）

所谓渡火，就是赤脚行走在烙热的石块或烧灼的炭火上的一种宗教仪式。很多时候，我们的确可以通过对自身精神状态的调整来改变外部事物的性质。从这个角度而言，所谓世界不过就是指你看待它的方式。

适可而止

在世界年轻的时候，喜马拉雅，你从大地那崩裂的胸怀里升起；你重峦叠嶂，向着太阳猛烈地发起燃烧的挑战。接着，成熟的时刻来临，你对自己说："够了，不再向高处伸展！"你那颗神望着云的自由的火热的心，发现了自己的极限范围，便默默地耸立，向无限致以敬礼。你的激情经过这番抑制之后，美丽自由地在你的胸脯上嬉戏，信任用鲜花和鸟儿的欢乐簇拥在你的四周。（《游思集》）

老子曾说："物壮则老，谓之不道，不道早已。"（《道德经》）也就是说，事物发展壮大到一定程度就会衰落。凡事要适可而止，保持和谐与平衡，才是长久之道。

自我克制

在自然世界中，人借助于科学，把各种物质的力由肆虐变为听命于人。但是，在道德世界中，他要完成的任务更艰难。他必须把他自己的情感和欲望由肆虐变为听命于人。并且，为了达到这一目的，需要在一切时间和地方都做出持续不断的努力。（《论再生》）

佛家经典《大智度论》中说："生死根本，欲为第一。"人如果不能控制自己的欲望，就会成为欲望的奴隶，最终丧失自我，被自己的欲望毁掉。

《圣经·哥林多前书》中说："攻克己身，叫身服我。"自我是捆绑自我的绳索，自我是自我最严的律法。请学会克制，成为自己的主人。

与这个世界温柔相处

我的双眸感受着蓝天深邃的宁静，阵阵战栗传遍我的全身，宛如一棵树伸出绿叶的杯子期待着斟满阳光时的激动万分。

一阵思绪从我的心里涌现，像温馨的气息从阳光下的青草上飘起；这一阵思绪与水波拍岸的汩汩声，与小巷里倦风的叹息声交织在一起——我想起我一直和这个世界的全部生命生活在一起，我已经把自己的爱恋和悲愁都献给了世界。（《游思集》）

世界有如一个朋友，你对他残忍，他必定无情；你对他友善，他必定报以微笑。

光明之歌

光明，我的光明，充满世界的光明，吻着眼目的光明，甜沁心腑的光明！

呵，我的宝贝，光明在我生命的一角跳舞；我的宝贝，光明在勾拨我爱的心弦；天开了，大风狂奔，笑声响彻大地。

蝴蝶在光明海上展开翅帆。百合与茉莉在光波的浪花上翻涌。

我的宝贝，光明在每朵云彩上散映成金，它洒下无量的珠宝。

我的宝贝，快乐在树叶间伸展，欢喜无边。天河的堤岸淹没了，欢乐的洪水在四散奔流。（《吉檀迦利》）

泰戈尔深情地呼唤光明。隔着百年的时光，我们的心仿佛跟着诗人一起跳动，他的呼唤为我们挑起暗夜的明灯，给我们指引前进的方向。这光明是理想，是希望，我们宁愿一贫如洗，也要求得这光明的庇佑。

得失之间

一个人如果不有所失，就不能真正有所得。不劳而获的东西算不得真正的收获；只有自己付出代价取得的东西才真正属于自己所有。眼看着自己的有形的财产落到别人手里去当然是一件很不幸的事；但事实上人的灵魂，在失去某种东西的同时，便已取得了把失去的东西外加上利息收回的权利。

如果我们在遭受到某种损失的时候，能够俯首合掌大声宣告说："这是上天所赐予的一件礼物——这礼物是弃绝的能力，是悲愁、是我的眼泪。"那么，一件极细微的东西就立刻有了极深刻的意义，一个暂时的现象就变成了永恒的存在。原来只不过是我们日常生活所需的一件东西现在却变成了我们的宗教信仰的一部分，永远被贮藏在我们的心灵神庙的宝库中了。（《沉船》）

我们常说，有得必有失，有失必有得。在得到的同时必会失去某些东西，失去又何尝不是另一种得到呢？不要失去真正的东西，不要得到虚假的事物。灵魂的得，物质的失，需要我们用心考量。

放下忧虑

纳里纳克夏大夫在给安那达先生检查了一番，并给他开好一张药方之后，就转过身来问汉娜，病人是否遇到了什么烦心的事。

对这个问题汉娜只给了一个并不十分肯定的回答。

“如果可能，”纳里纳克夏说，“就必须让他心里永远没有任何烦恼和忧虑。我自己母亲的病也使我同样感到为难。因为她常为一点小事放不下心，所以要保持她身体的健康始终很困难。一点点烦心的事——比方说昨天白天发生了一件什么事——就能使她昨天一夜也睡不着。当然我一直尽量避免让她听到任何刺激她感情的话，但人世间的事是这样复杂，要想完全避免几乎就根本不可能。”（《沉船》）

身心健康才是人生最大的财富。所以，放下忧虑，放下烦恼，以一颗轻松的心去面对生活中的纷纷扰扰。

安静生活

这时羞愧、厌恶和怜悯之情终又占据了她的心，她于是双手合掌祷告着说："啊，天主，我自己并没有过错，为什么老让这些思想烦恼着我呢？我恳求你把我从这些尘世的纷扰中救拔出去吧。让我从此割断一切尘缘。我没有更多的要求，只希望我能在你的这个世界上安静地生活下去！"（《沉船》）

有人说，心灵的困窘，是人生中最可怕的贫穷。你若想活得快乐，那么就保持内心的宁静和安详吧。没有内在的安详，人就无法感受到幸福。什么功名利禄，什么声色犬马，都如过眼云烟，转瞬即逝。忙里偷闲，来点闲情，抛弃烦恼，安静生活，乐在其中，不也是人生的一种境界吗？

在伤痛中成长

她（汉娜丽妮）父亲于是又接着说："你必须明白，亲爱的，我们决不能因为遇到了一次伤心失望的事，就摒弃生活中一切有价值的东西。也许因为你过于悲痛，你现在完全不能理解你应该如何才能使自己的生活幸福，使自己不致虚度一生。"（《沉船》）

后撤，是为了更好的冲锋。失败固然痛苦，但把它看成一种后撤，我们便可以从中积蓄冲锋的力量。所以，创伤是一种历练，而不是惩罚。学着在伤痛中成长，不要轻言放弃。

关于永恒

这时，那覆盖在他头顶上的晦暗的天空立刻使他毫不怀疑地感觉到，不管怎么说，他目前所受到的委屈和他所遭到的困难绝不是在整个时间和空间中永存的东西。在他头上发着光的星星才是永恒的，哈梅西和汉娜丽妮之间的这一段可怜的爱情故事永远也不可能和它们相比。这一条伟大的河流，将在未来无数的秋夜，泛着星光，流过这里的沙洲和随风飘荡的芦苇，流过这沉睡的围绕着绿树的村庄，而那时哈梅西的这具臭皮囊却早已在火葬场上烧成了灰烬，早已和这包容一切的大地融成一体，那时他的这颗烦恼的心也早已得到永恒的安宁了！

（《沉船》）

当你感觉活得太累，请看看自己是否正确地对待了生活；当你觉得烦恼太多，请想想自己是否看得太近、眼界太窄。当你把有限的生命放到无限广阔的天地中来思考，那么一切的烦恼、忧伤都将无足挂齿。

精神支柱

自从纳里纳克夏走了以后，她就明确地感觉到她原有的宗教热忱已在逐步下降。有他在身边的时候，她感到这种清苦的生活对她而言是一种莫大的安慰，同时他脸上透露出来的那种虔诚而不虚夸、仁慈而不浮躁的神采也随时都加强了她的信心。

虽然自他走后，她也曾竭力和自己的惰性斗争，决定更加坚决地遵守他对她所讲的那些教义，但现在因为他已不在身边，她的那股热情却不知为什么似乎已慢慢在减退。无聊的情绪不可避免地产生了，这种情绪更发展成为一种绝望的心情，使她不禁要终日以泪洗面了。（《沉船》）

宗教也好，爱情也罢，无论如何，人类需要信仰。

旅行的意义

“命运之神所给予我的残酷打击已使我永远也不宜混迹人世了，”他对自己说，“一株被雷击的树就不应该再在葱翠的丛林中占据一席之地。”

他于是决定到旅行中去寻找安慰，不停地从一个地方跑到另一个地方。他在沿恒河漂行的小舟上观赏了贝拿勒斯浴场上的盛况。他到德里爬过苦吐布迈纳山，从那里他又跑到亚格拉，在月夜中拜访了泰姬陵。接着他在阿姆利则瞻仰了金殿以后，又旅行到拉其普他拿去，并上阿布山去进了一次香。（《沉船》）

关于旅行，不同的人有不同的感受。有人用身体跋涉，有人用心灵探索，有人满足于异乡独特的风物，有人在异乡寻到了故乡的模样。背起行囊，我们走在路上，旅行的意义，也许就在于自我寻找、自我救赎。

深不可测的命运

“不管神学家们怎么说，”他说道，“但在我看来，上天对很多事情的安排实在不是凡人所能理解的。你就说我吧！我是一个在城市里长大的彻头彻尾的城里人，而现在却会跑到这个鬼哭狼嚎的荒野中来，在一群粗鄙的庄稼汉中间过着这种孤独的生活！”（《沉船》）

曾经听到这样一个故事：一丛年轻的竹子感觉到生命蓬勃生长的喜悦，于是在一起愉快地交谈，纷纷憧憬着自己的将来。有的希望做竹排，有的希望做桅杆，有的希望做家具……它们各有各的梦想，都希望实现自己的价值。但是其中有一根竹子却是那样与众不同，它不希望自己变成美丽的东西，只希望自己是平凡的，永远做它自己，永远是一根竹子。正当它们热烈谈论的时候，一个专门做风筝的人来到它们面前，握住那根“不希望做成任何东西”的竹子，缓缓举起了砍刀……

我们的命运也是如此，在人生旅途中，常常会有不可预测的事情发生，塞翁失马，焉知非福，命运不可能马上告诉你答案，但生活会有告诉你的那天。

欲火中的拯救

我的欲望很多，我的哭泣也很可怜，但你永远用坚决的拒绝来拯救我，这刚强的慈悲已经紧密地交织在我的生命里。

你使我一天一天地更配领受你自动简单而又伟大的赐予——这天空和光明，这躯体和生命以及心灵——把我从极欲的危险中拯救了出来。

有时候我懈怠拖延，有时候我急忙警觉寻找我的路向；但是你却忍心地躲藏起来。

你不断拒绝我，从软弱动摇的欲望的危险中拯救了我，使我一天一天地更配得你完全的接纳。（《吉檀迦利》）

“罪莫大于可欲，祸莫大于不知足，咎莫大于欲得。”（《道德经》）早在两千多年前，老了就一语中的。

第四章

男人·女人·孩童·爱

《圣经》里讲到，女人是用男人身体里面的一根肋骨做成的，这是造物者的安排，男人和女人天生浑然一体，不可分离。

男人和女人仿佛是这个世界的两极，各自不同，却又相互吸引，互为补充。男人刚强健壮，勇于担当，天生具有英雄情结，充满着强烈的保护欲。女人温润纤弱，细心体贴，天生善于关心照料他人，能够给家庭带来温馨。男人和女人，磁场不同，一旦相遇，便会擦出火花。

佛说：前世五百次的回眸，才换来今生擦肩而过。人海茫茫，男女之间，能够相遇已是一种缘分，倘若还能相知、相爱、相守，那该是前世多少年修来的福分！

世间男女，终因爱而结合，因为结合而孕育出孩童。于是，男人、女人和孩童，组成了这个爱的世界。

女性的伟大

在历史的现阶段，文明几乎都被男性所独占，这文明是权力的文明，在这文明中，妇女被抛到一旁黯然失色。妇女的功能和土壤的被动功能不无相似，它不仅帮助树木生长，而且把树木的生长控制在一定限度内。这树木必然会开始它的生命历程，它向高生长，向四面八方扩张它的枝叶，但它一切深层关系的基础都暗藏于地下，固定在土壤中，这有助于它的生长。（《论妇女》）

妇女天生具有贞洁、谦恭、温顺的被动品质，她们比男人具有更大的自我牺牲力量。她们那种本性上的被动品质，可以把自然的强大的力量转化为美的创造力——可以把野蛮因素驯化成精致的温柔，以适应生活的需要。这种被动品质赋予妇女以巨大和深沉的宁静，这对生命的抚慰、养育和储存是十分必需的。（《论妇女》）

孙中山说过："世界少不了女人，若少了女人，这世界将失去百分之五十的真，百分之七十的善，百分之百的美。"

感恩女性，感恩母亲

妇女的生命力比男人更强大。妇女是种族的母亲，她们对周围的事物，对生活中的平凡事物满怀兴趣；倘若她们没有那些兴趣，那么种族就会灭亡。（《论妇女》）

佛经《父母恩重难报经》云母亲对子女有“十恩”：怀胎守护恩、临产受苦恩、生子忘忧恩、咽苦吐甘恩、回干就湿恩、哺乳养育恩、洗濯不净恩、远行忆念恩、深加体恤恩、究竟怜愍恩。我们每个人都应该感恩母亲、感恩女性。

你是人间四月天

呵，女人，你不但是神的，而且是人的手工艺品；他们永远从心里用美来打扮你。

诗人们用比喻的金线替你织网，画家们给你的身形以永新的不朽。

海献上珍珠，矿献上金子，夏日的花园献上花朵来装扮你、覆盖你，使你更加美妙。

人类心中的愿望，在你的青春上洒上光荣。

你一半是女人，一半是梦。（《园丁集》）

“你是一树一树的花开，

是燕在梁间呢喃，

——你是爱，是暖，是希望，

你是人间的四月天！”（林徽因《你是人间的四月天》）

这样的文字用以形容女性亦决不为过。

美妙的女人

美妙的女人，你用一转的秋波，就“能从诗人的琴弦上夺去一切诗歌的财富”，

你能使世界上最骄傲的头在你脚前俯伏。

但是你愿意崇拜的是你所爱的没有名望的人们，因此我崇拜你。

你的完美的双臂的接触，能在帝王荣光上加上光荣。

但你却用你的手臂去扫除尘土，使你微贱的家庭整洁，因此我心中充满了钦敬。（《园丁集》）

你料理家事的时候，你的手足歌唱着，正如山间的溪水歌唱着在小石中流过。（《飞鸟集》）

美妙的女人，淡如清风，香如兰梅。平凡的日子，因为有女人的装点而变得不平凡。岁月塑造了女人，女人又装扮了岁月。

女人的幸福

“我倒要请你老实告诉我，”卡玛娜说，“如果比宾先生有两三天不和你在一起，那你会——”

“可是，他绝不可能两三天不和我在一起！”赛娜佳极自信地说，接着对卡玛娜讲说了一些表明比宾先生如何溺爱她的事例。她告诉她，在他们结婚以后，她的年轻的丈夫曾采用什么样的计谋逃过他们的敌人——家里的老人们的监视，去和他的年轻的新娘子会面；告诉她，他失败的时候是什么样子，被老人们捉住的时候，又是什么神情；并且说后来老人们绝对禁止他们相会的时候，他们如何趁着比宾吃午饭的机会，背着老人们，彼此在一面镜子里眉目送情以取得暂时的安慰。赛娜佳回忆着过去的那些有趣的经历，满脸露出了兴奋的神色。（《沉船》）

女人有时要求的特别少，仅仅是爱人的惦记和溺爱。男人的每一分宠爱，都会成为她们生活中的美好回忆，都会成为她们百说不厌的有趣谈资。

情窦初开的女子

他慢慢向她走过去，嗫嚅地犹豫了一阵，接着却极温和地对她说：“是你叫人找我的吗，卡玛娜？”

他的话立刻使卡玛娜不禁倒退了几步。“绝对没有的事！我可没叫人找你。我找你来干什么？”她以一种不必要的坚决的神情回答说。

“可是，如果你的确叫人找过我，这也并不是什么罪过呀，卡玛娜。”

“我根本没叫人找你！”卡玛娜气势更猛地重复着说。

“那么好啦，我现在是未奉邀请自己走来的。你总不会因为那样就毫不留情地把我赶走吧？”

“他们一定马上会知道你到这里来过，那他们一定会生气的。求你赶快走吧。我并没有叫人找你。”

“那我知道了，”哈梅西拉着她的一只手说，“那么你到我的房间里去吧；我房里没有任何其他的人。”

卡玛娜浑身发着抖，挣脱了他的手就跑到隔壁房间去，把房门关上了。（《沉船》）

情窦初开的女子，内心是火热的，表面却要装出一副冷漠的样子，即便心潮涌动，也要竭力掩饰。不见面时百般想念，当心上人突然出现在面前时，她却要转身离开。那份娇羞欲滴的美，让男人更为痴迷和留恋。

爱情的喜与悲

我听过的许多古老的爱情故事，
充满聚首的欢乐和别离的悲郁。
纵观无始的往昔，我看见
你像永世难忘的北斗穿透岁月之夜的黑暗，
姗姗来到我的面前。（《心声集》）

拥有爱情的人是幸福的，恋爱中的人如胶似漆，缠绵悱恻。两个相爱的人在一起，你中有我，我中有你。

然而，有欢聚就有别离，有团圆的愉悦就有分离的酸楚。看着你转身而去，怎能让我不心痛啜泣，愈发怀念“你我泛舟爱河顺流而下，在亿万爱侣中间嬉戏”（《心声集》）的甜蜜。

爱如阳光

让我的爱情，像阳光一样，包围着你，而又给你光辉灿烂的自由。（《流萤集》）

爱如阳光，温暖你我。然而，我们却渴望在阳光下自由行走。爱，不是约束，而是自由！

情到深处

我想对你说出我要说的最真的语言，我不敢，我怕你不信。因此我弄真成假，说出和我的真心相反的话。我把我的痛苦说得可笑，因为我怕你会这样做。（《园丁集》）

情到深处，往往不是山盟海誓，而是不言不语；爱到极致，往往不是朝朝暮暮，而是心有灵犀。

她的一颦一笑，别人可能毫无察觉，对于恋人，却饱含深意。真爱一个人，会从内心为他考虑一切，无微不至，巨细靡遗。

爱情的力量

她接近我的心，如草花之接近土地；她对于我之甜蜜，如睡眠之于疲倦的肢体。我对于她的爱情是我充溢的生命的流泛，如河水之秋涨，寂静地迅速流逝着。（《爱者之贻》）

这个世界会因爱情的到来而繁花似锦，我们的生命也会因爱情的降临而充盈饱满。人是需要爱情滋养的。在文学作品中，刻画爱情是个永恒不变的主题，从“执子之手，与子偕老”（《诗经·邶风·击鼓》），到“两情若是久长时，又岂在朝朝暮暮”（宋·秦观《鹊桥仙》），再到“此情无计可消除，才下眉头，却上心头”（宋·李清照《一剪梅》），甚至豪放如苏东坡也吟出了“十年生死两茫茫，不思量，自难忘”（《江城子·乙卯正月二十日夜记梦》），这些美丽的诗句表达着一代又一代人对爱情的理解。爱情有多美？竟使无数众生为之癫狂。

爱情来临，置身云端；爱情离去，痛苦不堪。在爱的滋润下，容颜愈发美丽；经受了爱的挫折，青丝变成华发。爱情的力量有多大，经历之后便会知晓。

只是不小心爱错了人

“即使爱只给你带来了哀愁，也信任它。不要把你的心关起。”（《园丁集》）

爱情是一场美丽的邂逅，有的人能从爱情中收获丰厚的果实，也有人在爱情中受尽煎熬。当爱情的甜蜜一去不返，留下的只是苦涩的时候，朋友，也请你敞开心扉，相信爱情。

因为爱情本身是美丽的，暂时的苦痛，只是不小心爱错了人，只能怪自己的命运，被安排遇见了他，而你所受的苦难，都是为了遇见更好的他。

至真至纯

这是三月的月明之夜；空气里有凤仙花的芬芳；我的横笛抛在地上，你的花串也没有编成。你我之间的爱像歌曲一样的单纯。

……

没有现在以外的神秘；不强求那做不到的事情；没有魅惑后面的阴影；没有黑暗深处的探索。你我之间的爱像歌曲一样的单纯。（《园丁集》）

单纯的两个人，单纯的两颗爱着的心，拥有他们单纯的爱。

因为爱得单纯，所以可以为他哭为他笑；因为爱得单纯，所以从来不计回报；因为爱得单纯，所以手牵得更牢。

手握着手，眼恋着眼，就这样开始了他们神圣的旅程，一起迎接风霜雨雪，一起走过秋冬春夏。

默默地爱着你

没有表现出来的爱是神圣的。它像宝石般在隐藏的心的朦胧里放光。在奇异的日光中，它显得可怜的晦暗。（《园丁集》）

默默地爱一个人是需要巨大勇气的。暗恋是神圣的，它没有表白，也不求回报，只是把对方放在心底，一个人守护，一个人拥抱。

梦中的那个你

你是一朵夜云，在我梦幻中的天空浮泛。

我永远用爱恋的渴想来描画你。

你是我一个人的，我一个人的，我无尽的梦幻中的居住者！（《园丁集》）

我们应该为爱人营造一个梦幻城堡，让爱人居住其中。这城堡不只在尘世，也在灵魂中。

怦然心动

当我在夜里独赴幽会的时候，鸟儿不叫，风儿不吹，街道两旁的房屋沉默地站立着。

是我自己的脚镯越走越响使我羞怯。

当我站在凉台上倾听他的足音，树叶不摇，河水静止，像熟睡的哨兵膝上的刀剑。

是我自己的心在狂跳——我不知道怎样使它宁静。(《园丁集》)

还记得怦然心动那一刻吗？内心的激流会扰动整片湖水，激起阵阵涟漪，仿佛整个世界都被涂上了鲜艳的颜色。

当真爱出现，它能使整个世界都乱了章法，他的一言一行，都能使你坐立不安、心神不宁。

当爱情降临，你的整个世界似乎都静止了，唯有心中的那个他，让人欢喜让人忧。

这就是爱

如果你要这样，我就停了歌唱。

如果它使你心震颤，我就把眼光从你脸上挪开。

如果使你在行走时忽然惊跃，我就躲开另走别路。

如果在你编串花环时使你烦乱，我就避开你寂寞的花园。

如果我使水花飞溅，我就不在你的河边划船。（《园丁集》）

这就是爱，我已明白，一颗心开始为另一颗心慢慢更改，不在乎路有多远，都要去爱。

爱是一种奉献的激情，爱上一个人，就会遏止不住地想为对方做些什么，想使对方快乐，而且，是绝对不求回报的。爱的快乐就在这奉献之中，在被爱者的快乐之中。

心的归宿

笼中的小鸟最盼望什么？在蓝天自由翱翔！

圈中的骏马最盼望什么？在草原上自由驰骋！

自由的心灵最盼望什么？一片广阔的天地！

“我的心，这只野鸟，在你的双眼中找到了天空。

它们是清晓的摇篮，它们是星辰的王国。

我的诗歌在它们的深处消失。

只让我在这天空中高飞，翱翔在寂静的无限空间里。

只让我冲破它的云层，在它的阳光中展翅吧。”（《园丁集》）

曾经，我的心灵无依无傍，在人生之路上漫无目的地游荡，疲倦而又沉重……终于，有一天，你的目光落在我身上，在你的眼中我找到了属于我的天空，找到了可以让我自由翱翔的场所，我的心从此有了可以停泊的港湾……

平凡中发现不平凡

婚姻是一首永恒的人生赞歌；它的重唱部分只有一个，但是它的歌词每天都注入种种新的内涵……有一天，我下班回来，就看见她为我准备好一杯冰镇的水果汁饮料；一看到那颜色，我的心情就很激动；杯子旁边放着一个小小的银盘，银盘上有一个花环。我还没有进屋，就闻到了它的清香。又有一天，我看见一杯用冰淇淋机制作的掺有水果汁的饮料，托盘里还放着一朵向日葵花。这类事情听起来好像没什么，可是它们可以说明，我的妻子每天都以某种新的方式感受到我的存在。这种对旧物永远感到新鲜的本领是属于艺术家的。一般人每天只知道循规蹈矩。而苏奈特拉却具有爱的天才，她不断发明各种新的方法来侍候她心爱的人。（《偷来的财宝》）

婚姻是需要经营的，若经营不善就会导致婚姻的解体。要想保持婚姻的新鲜感，就需要每天从生活的小细节着手，不断制造小惊喜。生活本是平凡的，爱情能够使人从平凡中发现不平凡！

爱的天地

你从哪儿带来了这一阵不安，我的爱？

让我的心接触你的心，让我的吻把痛苦从你的沉默中吻去。

黑夜从自己的深处抛出这短暂的时光，使得爱情可以在这孤灯独明、门扉紧闭的地方，建筑起一个崭新的世界。

我们仅仅拥有一根芦笛，让我们的两对嘴唇轮流吹奏出乐曲吧；我们仅仅拥有一只花环，让我首先把它戴在你的头上，再用它绾我的头发作为皇冠。

揭去我胸前的薄纱吧，我将在地板上铺好我们的睡榻；一个亲吻，一夜欢乐的睡梦，将充溢在我们那无边的小天地。（《游思集》）

不管房子多么简陋，只要有爱情的装饰，就是安乐的小窝；不管生活多么简单，只要有爱情的调剂，就是人间的天堂。心与心的碰撞，手与手的相牵，爱情的天地，美满无边。

爱情的滋润

哈梅西这个人过去也差不多是和她一样严肃古板的……但现在一种新的前所未有的活泼气质代替了他从前的那种阴暗的神情。他虽然仍不善于对别人的俏皮话随口加以反击，但他已可以报以一阵表示自己胸襟开阔的大笑。现在，如果他的头发还仍是和发油无缘，他的穿着至少已不像过去那样显得寒碜了。无论在思想或举止方面，他都似乎比过去显得更活泼、更灵敏了。（《沉船》）

没有什么比爱情更能使人生机焕发了，它可以使古板的人变得活泼，可以为受伤的人治愈疾病，甚至能使贫穷的人忘掉饥饿。“在天愿做比翼鸟，在地愿为连理枝”，这是爱情的忠贞誓言，有了爱情的滋润，平凡的生活也会变得精彩。

幻境中的爱恋

他走到窗前，向外面凝望着。胡同里，一边的房子全是黑洞洞的，另一边却在如水的月光下露出了鲜明的轮廓。哈梅西站在那里默然沉思着。他的浑然的心灵，抛开了现实环境中的各种纠葛和现实世界中的一切斗争以及无法捉摸的变迁，现在似乎已飞到另一个遥远的、辽阔无边的世界中去了。在那里，一切都是永恒的、安静的、永无变化的。在一种幻境中，他看到生与死、劳与逸、始与终，配合着一种非人间所有的音乐的旋律，永远不停地从幕后安静的无极中挤到有限的人生舞台上来，而在那既没有光亮也没有黑暗的无极中，他看到作为爱情化身的一男一女出现在现世界的星光之下了。（《沉船》）

爱情让人欢喜也让人忧虑，当真爱遇到重重阻碍，陷入困境之时，不妨冷静下来，给心灵放一个假，让思绪飘飞。在那个遥远的时空里，一切爱与恨、生与死，仿佛都有了答案。

恋爱的滋味

他想起了第一次和汉娜丽妮见面的情景：那时他完全没有想到那一天对他以后的生活竟会有如此重大的意义！……因为自己一向非常羞怯，看到汉娜丽妮坐在茶桌上招待他，他简直有些手足无措。后来羞涩的阶段渐渐过去了，他便开始感到自己十分盼望能常和她亲近。随着他们的友谊的增长，他对抒情诗的喜爱也越来越增强了，同时在汉娜丽妮的身上他似乎看到了一切他所读过的爱情诗所描写的主题。这时他又开始骄傲地私下庆幸自己已尝到了恋爱的滋味；他可怜他的那些同学们只是为了应付考试才去研究爱情诗，而爱情对他却已经变成了一种生活现实。（《沉船》）

当人们踏入爱情的小径，品尝爱恋的滋味，便会感受到玫瑰花的飘逸芬芳和薄荷的清凉宜人。

结婚

“我的这个太太，因为和我宗教信仰不同，根本就不能算我的真正的配偶；现在有一个女人，在素日言行和宗教信仰方面，在思想和情感方面，都和我完全一致，我要是不和她结婚，那根本就是一个错误。”

不顾许多人联合起来一致反对，拉依巴拉布仍坚决按照印度教的仪式和那个寡妇结了婚。（《沉船》）

《诗经》云：“死生契阔，与子成说；执子之手，与子偕老。”道出了婚姻对于人生的重要性。婚姻是寻找一个对等的灵魂，白头到老，生死相托。结婚的目的只有通达幸福之一种，结婚的理由却各有不同。有的人为了理想走到一起，有的人因为信仰走到一起，有的人因为感恩结合在一起。倘若能遇到一个志同道合的对象，那简直是上天赐予的一个惊喜。

爱是相互扶持

汉娜丽妮于是躲进自己的卧室里去，拿出日记来，写下了她自己的感想。“我早已断绝尘缘，割断了和一切人的关系。”她写道，“真没想到在今天上天却又把我从那种境地中救拔出来，重赋我以新的生命。我这里先匍匐在上天的神坛前，虔心礼拜，准备即日踏上这将给我带来新的责任的生活道路。命运之神赐给我的恩惠远非我所应享。但愿上天给我力量，使我能终身不负她所加予我的这种殊恩。我完全相信，我的卑微的生活和他的生活连接起来以后，他一定能使我的生命变得充实而丰富。我现在只祈求上天让我也能够使他的生命变得同样的充实、同样的丰富！”（《沉船》）

有人说，夫妻同心，其利断金；也有人说，夫妻如筷，相互依赖。这些都是对夫妻之间深厚感情的描述，夫妻双方都因对方的存在而使自己的生命更加丰盈。爱是相互扶持，爱是同甘共苦。

爱的魔力

在这宁静的气氛中，红色的落日配合着玫瑰花香竟搅得他心神不宁起来。在过去那些年里，他所生存的世界一直是一个严酷的、一味克制情欲、毫无情趣的世界；而现在他却似乎感觉到由一支多弦琴上放出的乐曲正四处洋溢，感觉到整个宇宙充满了一群看不见的舞蹈者的脚步声和铃铛鼓的声音。

纳里纳克夏从窗子边转过身来，看到了放在他床头一个角落里的玫瑰花。那些花像一只只小眼睛似的望着他，并好像都等在他的心房的门前，要向他提出某种无言的请求。

他拿起一枝花来，那只是一朵含苞未放的蓓蕾，淡淡的金黄的颜色，但无限量地散发着浓酽的香味。他拿着它的时候，他的手指似乎感觉到了另一个人的手指的余温，不禁周身为之震颤。他把那娇嫩的花苞放到自己的嘴唇边吻着，放到自己的眼睛上抚摸着。

（《沉船》）

人非草木，孰能无情，更何况是面对使无数热恋男女怦然心动的爱情呢？爱情，可以使一个刻板的人变得浪漫，可以使单调的生活充满诗情画意，可以使枯竭的心灵感受到浓浓的甜蜜。

爱在各个角落

相聚的灯火长燃着，熄灭在别离的一刹那。
此刻，我感到你的目光正凝望着我的心，好像清晨温煦的宁静默视着收割已尽的孤寂田地。
我深信你的爱，让这作为我最后的留言吧。（《飞鸟集》）

爱就藏在大自然的各个角落，藏在人们的心中。只有用心领会，才能得到真谛。

无负担的爱

别让我的爱成为你的重负，朋友，要知道它自己会得到偿还。（《流萤集》）

因为爱你，在爱的过程中，已经得到无穷的乐趣。真正的爱，不是斤斤计较，不是礼尚往来，而是不求对方的偿还。所以，即使你不爱我，也没必要徒增从来就不应该有的重负。

孩子的微笑和烦恼

庙前的集会正在进行。从一早起就下雨，这一天快过尽了。

比一切群众的欢乐还光辉的，是一个花一文钱买到一个棕叶哨子的小女孩的光辉的微笑。

哨子的尖脆欢乐的声音，在一切笑语喧哗之上飘浮。

无尽的人流挤在一起，路上泥泞，河水在涨，雨在不停地下着，田地都淹没在水里。

比一切群众的烦恼更深的，是一个小男孩的烦恼——他连买那根带颜色的小棍的一文钱都没有。

他苦闷的眼睛望着那间小店，使得这整个人类的集会变成可悲悯的。（《园丁集》）

孩子的欢笑和忧愁是最真实的，因此也格外动人。他们的一点微笑就能照亮整个世界，若是他们心中有了忧愁，世界也会随之变得黯淡。

孩子犹如天使

他们喧哗争斗，他们怀疑失望，他们辩论而没有结果。

我的孩子，让你的生命到他们当中去，如一线镇定而纯洁之光，使他们愉悦而沉默。

他们的贪心和妒忌是残忍的；他们的话，好像暗藏的刀，渴欲饮血。

我的孩子，去，去站在他们愤懑的心中，把你的和善的眼光落在它们上面，好像那傍晚的宽宏大量的和平，覆盖着日间的骚扰一样。

我的孩子，让他们望着你的脸，因此能够知道一切事物的意义；让他们爱你，因此他们能够相爱。

来，坐在无垠的胸膛上，我的孩子。朝阳出来时，开放并且抬起你的心，像一朵盛开的花；夕阳落下时，低下你的头，默默地做完这一天的礼拜。（《新月集》）

与孩子的相比，成人的世界更复杂更善变也更残忍、喧闹、躁动、贪婪、嫉妒、愤怒……而孩童的世界却是纯洁、平和、安宁、博爱的，他们犹如天使，能播撒爱的种子，给人间带来和善。

美好的童年

我们的童年必须生活于这样一个地方：精神世界的真理没有为一大堆俗人认为重要的必需品所遮蔽；生活简朴，时间悠闲，空间充裕，空气清新，充满着自然的安宁；人们完全相信，在他们面前有着永恒的生命。（《我的学校》）

童年一般被人们认为是人生中最快乐的时期。童年的我们无忧无虑，尽情做着游戏、哼着歌曲，享受着美好的生活。童年的我们需要的东西其实很少，太多世人认为的必需品对于孩子来说都是多余的。

飞驰的少年

我漂浮在上面的川流，当我年少时，它迅速而湍急地流着。春风微微地吹拂着，林花胜放如着火；鸟儿们不停息地歌唱着。（《爱者之贻》）

现在，那个少年消失了。等我到岸上来，我能够听见万物的深沉的乐音，天空也对我展开了它缀满繁星的心。（《爱者之贻》）

青春年少的日子总是过得飞快，一路上飞速疾驰，总会忽略太多美好的风景。当渐渐长大，回头来看这段青春岁月，总会忍不住感慨万千。

我在生命之河的大潮中奋勇向前，时而也被激流冲上滩涂岸边。我无暇顾及生活中的点点滴滴，一心奋力向前。

站在黄昏的时光里缅怀过去，我回首从前，曾经是懵懂少年；我祈祷明天，期待每个梦想都能够实现。

更好的游戏

妈妈，住在云端的人对我唤道——

“我们从醒的时候游戏到白日终止。”

“我们与金黄色的曙光游戏，与银白色的月亮游戏。”

我问道：“但是，我怎么能够上你那里去呢？”

他们答道：“你到地球的边上来，举手向天，就可以被接到云端里来了。”

“我妈妈在家里等我呢，”我说，“我怎么能离开她而去呢？”

于是他们微笑着浮游而去。

但是我知道一个比这个更好的游戏，妈妈。

我做云，你做月亮。

我用两只手遮盖你，我们的屋顶就是青碧的天空。（《新月集》）

这是一个充满爱、充满神秘的童话世界。在这里，孩子对云端充满了无限的向往，但是，孩子又对妈妈有着无限的依恋。在这两者之间，聪明的他想了一个两全其美的“更好的游戏”：他要妈妈做月亮，自己做云，这样就再也不会和妈妈分开了。谁能不为孩子这般浪漫纯洁的童心所倾倒？不被孩子对母亲深深的爱所感动？

梦想之船

我每天把纸船一个个放在急流的溪中。

我用大黑字写我的名字和我住的村名在纸船上。

我希望住在异地的人会得到这纸船，知道我是谁。

我把园中长的秀利花载在我的小船上，希望这些黎明开的花能在夜里被平平安安地带到岸上。

我把纸船投到水里，仰望天空，看见小朵的云正张着满鼓着风的白帆。

我不知道天上有我的什么游伴把这些船放下来同我的船比赛！

夜来了，我的脸埋在手臂里，梦见我的纸船在子夜的星光下缓缓浮泛去。

睡仙坐在船里，带着满载着梦的篮子。（《新月集》）

折一只小船，放入急流，让它随流而去，满载我的梦想和愿望漂向远方，让远方的朋友猜猜我是谁，并邀他一起玩耍，童心的美丽纯真和对未来的美好憧憬在诗歌的字里行间一览无遗。

第五章

艺术与美

艺术的价值何在，它与我们的生活有何联系？这是值得我们每一个人深思的问题。

鲁迅先生曾经说过：“文艺是国民精神所发的火光，同时也是引导国民精神的前途的灯火。”（《论睁了眼看》）这句话有两层意思，其一是说艺术来源于生活，是人民所创造的；其二是强调艺术对人生的指导作用，好的艺术一定是先进的，能够起到照亮前途、引领人们前进的作用。

优秀的艺术作品，一定是浸润了丰富的感情，能够给人带来触动，引起他人共鸣的东西。艺术，是强烈情感的自然流露。艺术的殿堂虽然高雅，但也并非高不可攀，要想走进它并徜徉其中，需要你平心静气，仔细咀嚼。

艺术能给庸常的人生带来缤纷的色彩，平淡的生活需要艺术之光的照耀。美，就在我们身边，睁开双眸，用发现的眼光去关注生活，去体验艺术之美。

诗人之心

诗人的心于风与水的声音中间，在生命之波上浮游并且跳舞。（《采果集》）

现在太阳西下了，黑暗的天空降落在海面，如垂下的睫毛落在倦眼上一样。这是他把笔搁下，在这沉默的永久秘密当中，使他的思想沉入深渊之底的时候了。（《采果集》）

诗人的心是深邃的，也是明朗的。一片细微的亮光，突然出现在乌云密布的天空，给湖水添加了一丝蓝色。诗人的心也理应如此，拨开忧愁的迷雾之后，于黑暗中打开一扇窗子。诗人之心，使人沉静，亦使人温暖。

诗歌

歌声在空中感到无限，图画在地上感到无限，诗呢，无论在空中、在地上都是如此。（《飞鸟集》）

诗歌是奇妙的文字游戏，简短的文字承载着丰富的内涵，既能呈现流淌的思绪，亦能表达激越的感情。

诗歌是承载了感情的音乐，是精心渲染的图画。诗歌能成其无限，是因为“诗的词句含有能走动的意义与能飞翔的音乐”（《飞鸟集》）。

心愿

你是什么人，读者，百年后读着我的诗？

我不能从春天的财富里送你一朵花，天边的云彩里送你一片金影。

开起门来四望吧。

从你的群花盛开的园子里，采取百年前消逝了的花儿的芬芳记忆。

在你心的欢乐里，愿我感到一个春晨吟唱的活的欢乐，把它快乐的声音，传过一百年的时间。（《园丁集》）

诗人，把一生的所思所想都写进了作品，献给了读者，他除了启迪读诗之人的心智，还要带给他们快乐。这就是诗人的心愿。

艺术的光芒

具有完美韵律的艺术形式宛如夜空中的群星，看来是静止，然而实际上却始终在运动；又如静止的火焰，除了运动以外别无他物……艺术的魔杖给予它接触到的每个事物以永恒不朽的真实性，并把它们与我们的个性存在联系起来。我们站在艺术作品面前，说道：“我们认识你们就像我认识我自己一样，你们是真实的。”（《一个艺术家的宗教》）

好的艺术具有永恒的魅力，它的光芒可以照射一个又一个时代；同时，它又不是凌空架起的虚无，而是真实地展现在观众面前，每个人都可以从中找到那个独特的自我。

艺术是什么

艺术是什么，并非像它实际存在那样，是个重要的问题。因为艺术就像生命本身一样，它是在自身的冲动中成长的，人对于它是什么没有确切的认识，却甚为喜爱它。（《艺术是什么》）

艺术是什么，似乎很难做确切的界定，但是，我们能够真切感受到它的存在、它给予我们的快乐。艺术和生活，是需要感受的。不要问何为生活，而是要去行动、去体验、去展示。

形式的力量

一般来说，男人的举止越是干净利落越好，但女人的举止应该含蓄和带有暗示性。

文学也应该通过优美的形式来表现自己，它应借助于比喻、韵律和暗示方式来表现，不能像哲学和科学毫无修饰地表现。（《文学的本质》）

文学不完全是自然的镜子。何止是文学，任何艺术都不会亦步亦趋地追随自然，我们能在自然中直观现象，但在文学和戏剧里则是无法直观的。所以，在这里，如果文学成为自然的镜子，就不成其为文学了。（《文学思想家》）

在艺术中，如何表达也许比表达什么更重要。

经典的价值

在真正的文学里，我们不仅想在现阶段，而且想永恒地使自己的理想和自己的哀与乐受到尊重。所以必须使事物的广度和深度结合起来。当把短暂时期的事物变成永恒时期的事物时，测量短暂时期的尺码就于事无补了。正因为如此，优秀文学不是稍纵即逝的。（《文学思想家》）

经典的魅力在于用完美的艺术形式呈现永恒的理念。艺术不是短暂炫目的烟花，稍纵即逝。人生，要用执着的行动追寻美好的理想。这样的人生，是经典的艺术。

艺术家亦是苦行者

富于艺术才华的人一方面确有天资，另一方面也是个苦行者。他不能随心所欲，需要有心灵的专注和克制。能够使自己品格在各种情况下都保持洁白无瑕的完美的人是很少的。人总有些堕落的东西。其原因是，我们大家都是从不足逐渐走向完善，尚未到达完善的最高境界。（《美感》）

艺术家亦是苦行者。在古印度，我们常常看到苦行的僧侣，一边吟唱经文，一边褪尽俗尘，在这样的更替中，寻得纯净的可被佛陀接纳的自我。艺术家经过苦行，进入艺术的殿堂；人类远离错误，寻到正确的道路。德国文学家歌德在《浮士德》中说："善良人在追求中纵然迷惘，却终将意识到人生有一条正途。"错误不可怕，在苦行的过程中寻到正途，才是关键。

真实即美

人们在自己的诗画和工艺品中揭示真实。有的事物起先没有引起我们的注意，正因为如此，它对我们来说是不存在的。而诗人把它展现在我们眼前，扩大了我们所认识的真实的范围和快乐的范围。人类的文学艺术每日每时都在真实的光辉里，显示着微不足道的事物，用艺术美把它们记录下来，把那些熟悉的东西变成亲近的东西，把那些外在的事物变成心灵的感受。（《美感》）

此所谓“真实就是美，美就是真实”。艺术如是，人生亦如是。

表达即快乐

谁能说清楚，人是何等急切地想表达自己内心的真情实感？这就是心灵的本质。如果他能把自己的真情实感变成另外一些人的真情实感，那他就会永存。这项工作是极其艰难的，然而又是十分迫切的。于是，当我们看到有人声情并茂地叙述某件事，我们就会感到极大的欢娱……当我们看到一个人轻松地完成一件艰难的工作时，我们就会从中得到快乐；当有人凭借微不足道的东西，毫无意义地却用十分娴熟的技巧，摇晃着自己的整个身子时，通过那个微不足道的东西的动和静所表现出来的那个人生命的冲动和激情，就使我们的生命灵动起来，并给我们以快感。（《美和文学》）

在文学里，人一方面表现着自己丰富的感情，另一方面在显示自己表达力的激情之中也获得了欢乐。其原因是，表达即快乐。

穷而后工

离愁弥漫世界，在无际的天空中生出无数的情境。

就是这离愁整夜地悄望星辰，在七月阴雨之中，萧萧的树籁变成抒情的诗歌。

就是这笼压弥漫的痛苦，加深而成为爱、欲，而成为人间的苦乐；就是它永远通过诗人的心灵，融化流涌而成为诗歌。（《吉檀迦利》）

“世谓诗人少达而多穷，夫岂然哉？盖世所传诗者，多出于古穷人之辞也……盖愈穷则愈工。然则非诗之能穷人，殆穷者而后工也。”（宋·欧阳修《梅圣俞诗集序》）意思是说，诗人必经艰难困苦之考验，方玉汝于成，达艺术臻境。人生恰若艺术，快乐只有通过痛苦的碾轧，才能愈加迸发激情的欢笑。

艺术家的世界

在生活开始的阶段，我所熟悉的那些英国诗人，他们是以自己的内心去观察外部世界的，对他们来说世界只是个人的。他们自己的想象、观念和兴趣不仅仅把那个世界变成普通的精神世界，而且也把它变作某一诗人的内心的东西。华兹华斯的世界是华兹华斯特有的，雪莱的世界是雪莱所特有的，拜伦的世界是拜伦所特有的。（《现代诗歌》）

作为美的创造者的艺术家们，他们所营造的美的世界并不仅仅是一个普遍的精神世界，更是一个展示自己独特个性的世界，被打上了个人的深深烙印。

创造游戏

记得，一天中午，我坐在铺在地上的漆布上，拿着绘画本作画，绘画艺术不是严酷的实践，它仅仅是内心想作画的游戏而已。（《生活的回忆》）

世界和艺术一样是最高深的游戏。艺术家进行艺术创作就如同神创造世界一样，是一种充满喜乐的创造“游戏”。

事实和真实

在文学和艺术里，只有在情味的背景中，某个东西才能得到真实的证明。也就是说，当那个东西取得结合形状、线条、歌曲的优美形象的“一”，当我们的心通过那个“一”在享乐的价值上承认那东西为真实时，对它的认识才完整。（《文学》）

生活真实仅仅表现为一种客观存在的事实，以确定不移的事实的方式存在着。但艺术不能仅仅满足于反映这种简单事实，它以反映“艺术真实”为自己的第一要务。这种“真实”，与纯然客观的事实绝不等同，它结合着人的心理体验，灌注着人的情感态度，浸透着人的丰富想象。

苦修的必要

一个人在年轻时，应该通过独身苦修，有节制地和有规律地丰富心灵生活。修行绝不等于自杀，修行的目的是丰富心灵。实际上，受教育时遵守独身修行的法则并不是枯燥无味的修炼。难道农民拼死拼活劳动是为了使农田变荒芜吗？当农民扶犁耕地，用耙捣碎土块，用锄除去杂草，把田地搞得平平整整时，一些愚不可及的人看见这种状况就会认为，这是在糟蹋土地。但是不这样做，就不能种庄稼。同样，对于想真正掌握情味的人来说，起初必须进行严格的修炼。（《美感》）

美的创造绝不是胡思乱想。任何人都不会放火烧毁整个屋子来点灯。火是容易失去控制的，所以在点灯时应该控制住火。兴趣也是如此，如果我们对兴趣不加控制，任其扩张，那么它们就会把本身唯一需要的美烧成灰烬。（《美感》）

如果你想实现自己的愿望，就必须下定决心，苦心修炼；如果你想享受美，那就必须克制享乐的欲望，使自己变得洁净和平和。

所以，我们说，为了真正培养美感需要进行独身苦修。它是通向美的必经之路，没有经历过这一番磨砺，很难领略到真正的美感。

美使我们崇高

美使我们的饥渴具有一种崇高的精神。正因为如此，曾经是放荡不羁的野蛮人如今成为人；曾经只知道满足感官的需要，如今接受爱情的束缚；今天我们即使感到饥饿，那也不会像畜类和魔鬼一样凑合吃上一顿；东西不干净，我们就没有吃的欲望。（《美感》）

美制约着我们的欲念，它不仅与世界建立了实利关系，而且还建立了享受关系。在实利关系之中我们是渺小的，是迫于无奈的，而在享受关系中我们则获得了解脱。美引导人变得克制，从而把人与动物区别开来。

节制成就美

美一步步引导我们讲究文明和节制，反之，节制又不断加深我们对美的享受。如果我们不能使自己专心致志，那么我们就不能从美的本质中取得情味。只有对爱情始终如一的女性方能感受到爱情的现实美的情味，放荡的女人是感受不到的。贞操就是一种毫不动摇的自我节制，唯有通过这种节制才能真正体会到爱情的妙不可言的情趣……真正的美只有虔诚的修炼者才能得到，而贪婪的放荡者是得不到的。（《美感》）

“增之一分则太长，减之一分则太短；著粉则太白，施朱则太赤”（战国·宋玉《登徒子好色赋》），言尽中和节制之美。基督教有七美德之说，即信、望、爱、智慧、节制、勇敢、公正，亦道出节制之于人生的作用。节制成就艺术，亦成就人生。

美的构成

对绘画艺术一窍不通的人，见到画布上的一些鲜艳色彩和模糊不清的形象，就心花怒放。

凡肯动脑子的人，决不会一看到画中的五光十色，就被迷住。他们懂得主次、前后、中心与周围的和谐。颜色吸引眼睛，但要懂得和谐的美就需要用心，需要认真地观察，随之而来的享乐也必定是深刻的。（《美感》）

绘画由线条和色彩构成，文学借助文字和声韵传达情感，任何艺术的美都是巧妙的建构。我们既要感受美，也要懂得美之构成，就像我们既要生活，也要懂得生活的构成。只有深谙美的构成，我们才能创造好的艺术；只有熟稔幸福生活的要素，我们才知道应该追求怎样的生活。

和谐是美

弟弟为哥哥服务是件好事，但其目的绝不是说这将造福于社会，我们之所以颂扬这件事，因为它是美的。它为什么是美的呢？这是因为所有的善的东西与整个世界有着十分深刻的和谐的关系，与整个人类的心灵深深结合在一起。如果我们能够看到善与真的完美和谐，那么美对我们来说就不是不可捉摸的。（《美感》）

同情是美的，宽恕是美的，爱是美的。这种美可以同映日荷花、中秋望月相媲美。像荷花和望月一样，这种美和周围世界之间有一种和谐的关系。这种美适用于一切，一切适用于这种美。

善是一种为美好事物牺牲的力量

当我们看到一个英雄人物为了宗教抛弃一切，进而献出自己的生命时，我们会惊叹不已。这种惊叹高于我们的哀乐，大于我们的私利，重于我们的生命。善并不把这种因财富的力量而造成的损失和痛苦看作损失和痛苦。善不因私利的丧失而受到丝毫损害。善与美一样使我们心甘情愿地作出牺牲。（《美感》）

善和美一起陶冶我们的灵魂。善是一种为美好事物牺牲的力量。当我们为公正、责任、信念而奉献自己的力量时，任何物质财富的损失和痛苦，都将由精神的欢愉来补偿。

美善合一

美在充分展现的同时，也就丧失了自己的轻佻。一旦花朵把自己的色香变为甘甜的果实，美和善就在发展的最高阶段里统一起来。

凡是把美和善看作一体的人，绝不会把美同骄奢淫逸联系在一起。他们生活旅程的内容是平淡的，但这并非是缺乏美感的原因，而是美感丰富的原因。（《美感》）

怀孕的女人，身体变了形，但无疑她们是美的，因为一个新的生命正在孕育；平凡而恬淡的生活也是美的，因为它远离了争名夺利的厮杀和金钱物质的入侵，保持了生命本来的形态。在这些各异的形式上，美和善相遇，善和美合一。

在美中发现世界

在印历十二月一天的黄昏，我漫步在乡间的一条小道上。从盛开着芥子花的田野里，飘来沁人心脾的扑鼻芳香，把那逶迤的乡间小径，那荷花池畔，那乍明乍暗的黄昏，深深地镂刻在我的心坎上。我从不想看的东西，美却把它们清晰地显露在我的面前，美不让我遗忘已经忘却的东西。在美中，我们不仅见到某一事物本身，而且还看见与它有关的一切事物，甜柔的歌声赋予整个天地山川和所有存在物以尊严。（《美和文学》）

倘若我们只知道真实的存在，而不能通过它得到任何快感的话，那严格地说，它对我们的心灵来说是不存在的。美就是使我们得到这种快感的最佳途径。

短暂的幸福有毒

一个酒鬼喝得酩酊大醉，无论他感到多么幸福，但从各方面来说，他并不幸福。他自己的幸福却是别人的痛苦，今日的幸福则是明天的痛苦；它的本性一个部分得到幸福，另一部分则深受痛苦。因此这种幸福会毁灭美，破坏快感。它与自然的整个真实背道而驰。（《美和文学》）

真正懂得生活的人，不会为了一夕的欢乐而豪掷千金，不会为了眼前的利益而放弃美好前程。这些短暂的幸福有毒，它们破坏美，破坏我们未来美好生活的可能性。不要为了一时的迷醉，陷入一世的沉沦。

美不是独占

不管是宗教、美还是其他任何伟大的东西，当我们把它圈起来，企图使其带上一些特殊性，那么它的真实本质就消失了。如果我们为了把河流占为己有，在它的四周筑起堤坝，那么，那条河流就不复存在了，成为一个荷花池了。（《美和文学》）

世上许多人就是这样把美变成了狭隘的东西，把它当作骄奢淫逸、孤高傲慢和寻欢作乐的东西，如此，美就失去了它的本质，不能称其为美了。

美不是独占，狭隘永不能成为美。记得有首歌这样唱道："美呀美，什么是美？百鸟欢歌声声脆；美呀美，什么是美？山中的白玉清泉的水……"这些都是来自大自然的美，不为任何一个人所独占。

对牛弹琴

大梵天啊，我情愿忍受千百种痛苦磨难，也别叫我去给那些不懂情味的人讲情味。（《美感》）

对具有欣赏能力的人来说，没有必要解释情味二字；而对不具备欣赏能力的人来说，任何讲解，对他们来说都只是对牛弹琴。艺术寻找欣赏者，一如喝酒要找熟识的朋友，婚姻要找知心的爱人。

论美

使美与周围世界隔绝，并置世界的其余一切东西于不顾，只是日夜不停地追求美，这绝不是世上绝大多数人之所为……假如美的诱惑竟如此地把人的心灵与世界割裂开来，如果不使人的欲望与周围世界相吻合，如果把流行的东西说成乡里乡气而加以嘲笑，那么这样的美应该受到唾弃。（《美感》）

把美与具体事物相分离，抽象地谈论美是不足取的，这无异于缘木求鱼。美与世界须臾不离，这恰若人生，既要心怀高远，又要脚踏实地。

美的享受

当湛蓝色的天空毫无用意地控制了我们的心灵，把自己的金黄色的袈裟披在整个灰暗的大地上时，我们就会脱口而出说："多美！"春天，当树上的新叶像森林女神的纤细娇嫩手指一样，毫无恶意地伸展在我们眼前时，我们的心坎里充满着美的享受。（《美感》）

大自然的一切都是有情感、有生命的存在，与人的生命、情感息息相通，人与自然可以相互渗透、相互感染而没有任何障碍。

美存在于整体之中

倘若我们以完整的感情去观察，那么韵律无论在何处都不是分割开来的，在任何地方都是不缺乏美的。学会整体去观察美，是美感的最终目的。（《美和文学》）

美存在于整体之中，比如天鹅，当它在蔚蓝清澈的湖水中自由地嬉戏时，我们感觉到它给人一种优雅之美。但是如果把它捉到岸上来，让它在沙滩上摇摇晃晃地蹒跚而行，或者把它关在笼子里，那么天鹅给人的优雅之美就不复存在了。

第六章

自然万物与上帝

快节奏的生活使我们与大自然渐行渐远，“采菊东篱下，悠然见南山”（陶渊明《饮酒》）的田园生活已成为现代人心中的一个梦。

纷扰的现实潮起潮落，喧嚣的噪声永无止息，我们的眼“盲”了，耳“聋”了……久而久之，我们的心也跟着“盲”了。

曾几何时，身处都市的我们固执地以为是自然离我们而去，可现实是我们抛弃了自然。自然万物还在那里，变了的是我们的心境。

所以，请放慢脚步，亲近自然，用心感受生活，一定会有不一样的收获。一朵花，一片叶，一条河流，有时就是整个世界；一个笑容，一声问候，一个温暖的瞬间，有时也能定格永恒。

黑夜与白天

静悄悄的黑夜具有母亲的美丽，而吵闹的白天具有孩子的美。（《飞鸟集》）

日夜各成其美，恰似季节更替，四季轮回。

榕树乐园

喂，你站在池边的蓬头的榕树，你可曾忘记了那小小的孩子，就像那在你的枝上筑巢又离开了你的鸟儿似的孩子？

你不记得他怎样坐在窗内，诧异地望着你深入地下的纠缠的树根么？

妇人们常到池边，汲了满罐的水去，你的大黑影便在水面上摇动，好像睡着的人挣扎着要醒来似的。

日光在微波上跳舞，好像不停不息的小梭在织着金色的花毡。

两只鸭子挨着芦苇，在芦苇影子上游来游去，孩子静静地坐在那里想着。

他想做风，吹过你的萧萧的枝杈；想做你的影子，在水面上，随了日光而俱长；想做一只鸟儿，栖息在你的最高枝上；还想做那两只鸭，在芦苇与阴影中间游来游去。（《新月集》）

汲水的妇人，闪耀的日光，游泳的鸭子，静思的孩子，在华盖如荫的大榕树的庇护下，一切构成了一幅诗意的图画。那沟壑纵横、幽寂沧桑的古榕，布满了皱纹却又永远充满着生机，它的每一条纹路里都埋藏着光阴的故事。

好一朵美丽的茉莉花

我生平有过许多快活的日子，在节日宴会的晚上，我曾跟着说笑话的人大笑。

在灰暗的雨天的早晨，我吟哦过许多飘逸的诗篇。

我颈上戴过爱人手织的醉花的花圈，作为晚装。

但我想起孩提时第一次捧在手里的白茉莉，心里充满着甜蜜的回忆。（《新月集》）

人生的每一阶段都有值得回忆与留恋之处，努力过好此生的每一刻吧，唯其如此，记忆才会像那朵美丽的茉莉花，芬芳四溢，永不凋谢。

美丽的画面

在五月天里，闷热的正午仿佛无尽地悠长。干地在灼热中渴得张着嘴。

当我听到河边有个声音叫道："来吧，我的宝贝！"

我合上书开窗向外看。

我看见一只皮毛上尽是泥土的大水牛，眼光沉着地站在河边；

一个小伙子站在没膝的水里，在叫它去洗澡。

我高兴地笑了，我心里感到一阵甜柔的接触。（《园丁集》）

多么美丽的画面，炎炎的夏日，清澈的溪边，主人亲切地呼唤牛儿去洗澡，把牛儿当作自己的孩子一般来抚养。

其实，动物是有灵性的，他们能听懂人的话语，更能感知主人的内心。

听说过这样一个故事：主人和狗死后一起到了天堂门前，天堂只有一个名额，他们两个必须有一个去地狱。主人通过自己的方式，把狗送到终点的一刹那，自己开始向地狱的方向下落。狗看见了，急忙掉转头，向着主人狂奔，所以他们又在一起了，即使是在地狱。

是啊，动物是人类的朋友，人与动物生活在同一个世界，我们一定要善待动物，和它们和谐共处。

宜人的风光

印度的气候常常邀请人们到露天去；她的巨川大江的奔流声是庄严的赞歌；她无限宽广的平原以超世的寂默围绕着我们的家园；在那儿，太阳从绿色大地的边际升起，像是那看不见的供奉者送给未知的供品，黄昏时它降落到西方，又像是自然向永恒敬礼的华美礼仪。（《我的学校》）

大自然是人陶冶性情最好的去处。人应该常常到自然的怀抱中，从大自然身上获取性灵的滋养，在那儿，感受江河的壮阔；在那儿，观看日出日落。

无论是云游翠绿的山间，还是掬一把白露，摘一片云朵，大自然给予我们的点点滴滴都值得珍视。

雨水

雨季开始了。雨主要是对农村施惠，对于城市里的人，它却不一定是一件使人见了高兴的东西。城市里的人都集中全力来防止潮气，为了这个目的各家都关紧窗子，修补好了屋顶；走路的人张起了雨伞，电车也挂起了遮雨的帘子，尽管如此，很快所有的人仍然弄得满身是潮湿和泥浆。但河流、山林、树木和田野却好像欢迎朋友似的对如注的急雨发出欢呼之声；只有当雨在大自然中降落的时候，我们才能看到它的真正的雄伟气势，在那里天和地同声欢呼着，迎接雨云的来临，到处是一片欢欣。（《沉船》）

现代社会的吊诡之处正在于：在人力麇集之处，自然就沦为不速之客。

你原来在这里

我旅行的时间很长，旅途也是很长的。

天刚破晓，我就驱车启程，穿越广漠的世界，在许多星球之上，留下辙痕。

离你最近的地方，路途最远，最简单的音调，需要最艰苦的练习。

旅客要在每个生人门口敲叩，才能敲到自己的家门；人要在外面到处漂流，最后才能走到最深的内殿。

我的眼睛向空阔处四望，最后才合上眼说："你原来在这里！"（《吉檀迦利》）

人生就是一场旅行，经历过无数次的转弯、迷失、追寻、反省，最终到达心灵中的那个家。有时当你拼命追寻一样东西的时候，它却与你越来越远；当你心态平和、放慢脚步时，它却出现在你的面前。经历千山万水在人海里相遇，这时，你会禁不住说声：哦，原来你也在这里！

找寻上帝

把礼赞和数珠撇在一边吧！你在门窗紧闭幽暗孤寂的殿角里向谁礼拜呢？睁开眼，你看，上帝不在你的面前！他在锄着枯地的农夫那里，在敲石的造路工人那里。太阳下，阴雨里，他和他们同在，衣袍上蒙着尘土。脱掉你的圣袍，甚至像他一样下到泥土里去吧！

超脱吗？从哪里得到超脱呢？我们的主已经高高兴兴地把创造的锁链带起：他和我们大家永远联系在一起。

从静坐里走出来吧，丢开供养的香花！你的衣服污损了又何妨呢？去迎接他，在劳动里，流汗里，和他站在一起吧。（《吉檀迦利》）

这是一个不完美的世界。无数的人都在询问上帝何在。其实，《圣经·诗篇》早已作出回答："我若升到天上，你在那里；我若在阴间下榻，你也在那里；我若展开清晨的翅膀，飞到海极居住，就是在那里，你的手必引导我，你的右手也必扶持我。"

上帝一直都在我们身边，从未离我们而去。他居住在我们的"劳作"和"流汗"里。我们只需要用行动去接近。

理想的家国

在那里，心是无畏的，头也抬得高昂；

在那里，知识是自由的；

在那里，世界还没有被狭小的家国的墙隔成片段；

在那里，话是从真理的深处说出；

在那里，不懈的努力向着“完美”伸臂；

在那里，理智的清泉没有沉没在积习的荒漠之中；

在那里，心灵是受你的指引，走向那不断放宽的思想与行为——进入那自由的天国，我的父呵，让我的国家觉醒起来吧。（《吉檀迦利》）

心无畏，头高昂，知识自由，天下大同，语出真理，崇尚完美，理智先行，心向无疆，这是你我理想的家园。

仿佛走失了

当鸿蒙初辟，繁星第一次射出灿烂的光辉，众神在天上集会，唱着“呵，完美的画图，完全的快乐！”

有一位神忽然叫起来了——“光链里仿佛断了一环，一颗星星走失了。”

他们金琴的弦子猛然折断了，他们的歌声停止了，他们惊惶地叫着——“对了，那颗走失的星星是最美的，她是诸天的光荣！”

从那天起，他们不住地寻找她，众口相传，因为她丢了，世界失去了一种快乐。

只在安静的夜里，众星微笑着互相低语——“寻找是无用的，无缺的完美正笼盖着一切！”

（《吉檀迦利》）

完全与完满并不意味着完美。神性如此，人性亦然。

永恒的边涯

在无望的希望中，我在房里的每一个角落找她；我找不到她。

我的房子很小，一旦丢了东西就永远找不回来。

但是你的房子是无边无际的，我的主，为着找她，我来到了你的门前。

我站在你薄暮金色的天穹下，向你抬起渴望的眼。

我来到了永恒的边涯，在这里万物不灭——无论是希望，是幸福，或是从泪眼中望见的人面。

啊，把我空虚的生命浸到这海洋里吧，跳进这最深的完满里吧。让我在宇宙的完整里，感觉一次那失去的温馨的接触吧。（《吉檀迦利》）

完全与完满并不意味着完美。但完美一定蕴含着完全与完满。这极致的体验正是神性对人性的召唤。

死神到来之前

当死神来叩你门的时候，你将以什么贡献他呢？
呵，我要在我客人面前，摆上我的满斟的生命之杯——我决不让它空手回去。
我一切的秋日和夏夜的丰美的收获，我匆促的生命中的一切获得和收藏，在我临终，死神来叩我的门的时候，我都要摆在他的面前。（《吉檀迦利》）

死神到来之前，我要付出全部努力，使我的生命之杯满溢；死神到来之前，我要献出全部的爱，供给他人；死神到来之前，我要用我的双足丈量最广阔的土地；死神到来之前，我要用最虔诚的祈祷净化我的灵魂。

死亡

呵，你这生命最后的完成，死亡，我的死亡，来对我低语吧！

我天天在守望着你；为你，我忍受着生命中的苦乐。

我的一切存在，一切所有，一切希望，和一切的爱，总在深深的秘密中向你奔去。你的眼泪向我最后一盼，我的生命就永远是你的。（《吉檀迦利》）

从出生到死亡，经历了一次生命的轮回，但是死亡真的就是最后的完成吗？或许是，或许不是。我向你奔去，你却泪眼蒙眬。

甜美的生命

婴儿入睡时在唇边闪现的微笑——可有人知道它在哪儿诞生的？是的，谣传说，新月的一道初露的白色的微光，触到了正在消散的秋云的边缘，微笑便在那儿第一次诞生于露水洗净的早晨的梦里——这便是婴儿入睡时在唇边闪现的微笑。（《吉檀迦利》）

在这里，记录着生命最初的甜美。生命之初，一切都似梦般迷离，拥有生命，我们才能拥有其他。在生命诞生的一刹那，我们欢歌，我们跳舞，歌颂上帝的一切恩赐与祝福！

留一扇门，给欢喜的人

整晚等他不见，又怕清晨他忽然来到我门前，而我却沉沉睡去。啊，朋友，给他留个门儿——不要拦阻他。（《吉檀迦利》）

谁会在深夜的窗台点燃一支蜡烛，等待晚归的家人？谁会在清晨或黄昏，不肯出门，等待一位拜访的客人？我们等待，出于爱，出于友情，出于一切值得我们珍视的情感。留一扇门，给欢喜的人。

迷失自我之时

若是他的脚步声没有惊动我，请不要唤醒我。我不愿意小鸟嘈杂的合唱和庆祝晨光的狂风，搅扰了我的睡梦。即使我的主突然出现在我门前，也让我无扰地睡眠。（《吉檀迦利》）

心灵富足的人是不需要外界援助的，但人的力量是那么的弱小，内心的疲惫又那么超乎想象，而人的理性，在所有神秘事物面前又是何等的微贱，所以他很快就因睡着而迷失了自我。这时也许该等候的只能是神的轻轻呼唤："你在哪里？"据《圣经·创世纪》记载，亚当、夏娃堕落后，到达他们耳际的神的第一道声音就是——"你在哪里？"这是何等仁慈的呼唤啊！当你迷失本性、面目全非时，神会问："你在哪里？""你还在吗？"你有没有离开了你自己？你有没有被世界所分裂？

万物皆有灵

从我们系船的河岸上，一股香气从草丛中升起。大地喘息时放出的热气真的触及了我的躯体。我觉得，温暖的、生气勃勃的大地在向我呼气，她也一定感到了我的呼吸。（《孟加拉掠影》）

在泰戈尔眼里，自然并不是围绕在我们周围的死寂的物质，而是一个充满生机的世界。它们不仅可以随时随意地表达自己的情绪，而且还能体会到人们内心的情感波动，与人进行情感交流。自然和人一样充满着喜怒哀乐。

人与自然同在

在做旅人的年月里，我无暇注望路边的榕树，今日结束旅行回到窗前，对他袒露胸怀。

他打量着我的脸，仿佛急不可耐地说：“你理解吗？”

“我理解，理解你的为人。”我宽慰他，“你不必那样烦躁。”

平静了一会儿，我见他又着急起来，葱绿的叶子沙沙摇动，熠熠闪光。

我试图让他安静下来，说：“是的，千真万确，我是你的游伴。亿万年来，在泥土的游戏室里，我和你一样一口一口吮吸阳光，分享大地甘美的乳汁。”（《随想录》）

人与自然共同存在于永恒的宇宙时空之中，亿万年来一直共同分享着阳光和大地的恩惠。人与自然同在。

同为一体

在真理之中，自然与精神是有着紧密的亲缘关系的，我们不能忽视：两者达到和谐的地方也恰恰是真理之所在。我们不能用自欺欺人的手法割裂、拆散两者的紧密关系，或者人为地在两者之间竖起一道隔墙，这样做都要犯极为严重的错误。（《论再生》）

作为与人同情同构的自然本来与人就是一体的，息息相通的。所谓客体、主体的区分也只不过是西方人的提法。如果各执一端，都将是灾难。

美好的黑夜

黑夜是垂下面纱的新娘，娴静地期盼着那漂泊的光芒重回她的怀抱。（《流萤集》）

黑夜，意味着可怕的黑暗。但在诗人眼中，它却是披着面纱的娇羞新娘，等待着光的怀抱。这不仅形象生动，更是把人们心目中对黑夜的印象给彻底颠覆了。原来，黑夜也可以这样美好。

第七章

关于生命的思考

生命对我们每个人来说都只有一次，你将怎样度过这一生，你对生命的价值如何理解，你希望自己的生命有何与众不同之处……这诸多的问题，我想每一个善于思考的生命都曾探讨过、解答过。我们有不同的迷茫，也有不同的答案，这就是生命的有趣之处。每一个独立的个体，都闪烁着不同的生命之光，千万缕色彩各异的光线，构成了五彩缤纷的人的世界。

我们无法把握生命的长度，但是可以增加生命的厚度，拓展生命的宽度。每个人都是一支宝贵的画笔，尽情挥洒你的笔墨，谱写出生命精彩的华章！

生而为人

水里的游鱼是沉默的，陆地上的兽类是喧闹的，空中的飞鸟是歌唱着的。

但是，人类却兼有海里的沉默、地上的喧闹与空中的音乐。（《飞鸟集》）

造物者的光荣，不仅在于创造的多元，并且富有层次。哈姆雷特曾发出感叹道：人是一件多么了不起的杰作！多么高贵的理性！多么伟大的力量！多么优美的仪表！多么文雅的举动！在行为上多么像一个天使！在智慧上多么像一个天神！宇宙的精华！万物的灵长！

遗忘

我真的会将你忘记吗？我们匆匆赶路，忘却了路旁篱边的绿叶鲜花。然而，芳香却在不知不觉间融进我们的忘却之中，使它充满了音乐。你离开我处身其间的世界，却在我的生命之源找到了安身之所，因此，那遗忘不正是消失在它的深处的记忆吗？（《爱者之贻》）

遗忘，是不可避免的，即使曾经念念不忘。

水不会一直保持沸腾的状态。如果火熄灭了，水就渐渐冷却；如果火一直烧着，它就会慢慢蒸发。

每一段新的路程，总是从遗忘开始，生命的旅程，就这样被遗忘标记着。

驯养的鸟和自由的鸟

驯养的鸟在笼里，自由的鸟在林中。

时间到了，他们相会，这是命中注定的。

自由的鸟说："呵，我爱，让我们飞到林中去吧。"

笼中的鸟低声说："到这里来吧，让我俩都住在笼里。"

自由的鸟说："在栅栏中间，哪有展翅的余地呢？"

"可怜呵，"笼中的鸟说，"在天空中我不晓得到哪里去栖息。"

……

他们的爱情因渴望而更加热烈，但是他们永不能比翼双飞。

他们隔栏相望，而他们相知的愿望是虚空的。

他们在依恋中振翼，唱说："靠近些吧，我爱！"

自由的鸟叫唤说："这是做不到的，我怕这笼子的紧闭的门。"

笼里的鸟低声说："我的翅翼是无力的，而且已经死去了。"（《园丁集》）

他们原本都是可以展翅飞翔的生灵，一个小小的栅栏改变了他们原本的习性。习惯了各自的生活，就再也没有了相交的可能。

一栏之隔，不仅隔开了自由和驯服，也隔开了牢笼和天堂。

把握当下

我们忙去采花，怕被过路的风偷走。

去夺取稍纵即逝的接吻，使我们血液奔流双目发光。

我们的生命是热切的，愿望是强烈的，因为时间在敲着离别之钟。

弟兄，把这谨记在心及时行乐吧。

我们没有时间去把握一件事物，揉碎它又把它丢在地上。

时间急速地走过，把梦幻藏在裙底。

我们的生命是短促的，只有几天恋爱的工夫。

若是为工作和劳役，生命就变得无尽的漫长。

弟兄，把这谨记在心及时行乐吧。（《园丁集》）

我们一生中会有多少次感伤？我们有多少次笑到心力交瘁？又有多少次哭到痛不欲生？

世间有太多的事情无法预知，有太多的人没有留下印记就从我们身边消失了，前一秒还是那么的清晰真实，下一秒已经消失无影。

“对酒当歌，人生几何？譬如朝露，去日苦多。”以有限的生命面对无涯的宇宙，何不拿出曹操当年的气概，把握当下，要做什么事情，就赶紧做吧；想去什么地方，就赶紧去吧，没有比现在更好的时机了。

生命在于创造

倘若我们或因怠惰，或因热衷追逐那些毫无自由可言的东西，从而窒息我们的无限意识，那么，我们就会像已经坏死的果实一样，将返回到无形状态的原初幽暗之中。生命就是不停地创造；当它在无限中超越自身，它就具有真理。然而，当它终止、贮藏并返回自身之时，当它失去它对外界的观察力之时，它必然会死亡。于是它从生长的世界中消失，并随同它的全部附属物一齐化为微尘。（《人格的世界》）

生命就像河流，不停地在动，永远在追寻、探索、推进、溢过河堤，钻进每一条缝。

生命是不断的创造，因为在它内部蕴涵着过剩的精力，它不断流溢，越出时间和空间的界限；它不停地追求，以形形色色的形式表现出来。

分离中的统一

我们看到一棵树。由于它有个体生命这一事实，从而将它同周围环境区分开来……这棵树与阳光、土壤和四季的世界越协调一致，它的个性就变得越完美。这种内在联系被破坏，它的灾难便临头了。因而，生命从消极方面说，必得保持它与别物的分离性，同时从积极方面说，它必须保持它与宇宙的统一。在这统一中它达到完善。（《论再生》）

花儿有花儿的芬芳，草儿有草儿的青翠，保持了与他物的分离性，才能做到与众不同。然而，只有红花，或单有绿草，景色必然单调，多样才是美丽的，鲜花要有绿叶陪，每一种个体生命都有它存在的价值。与宇宙统一，与万物和谐，方能臻于完善。

真正的知识

对于我们来说，无生命的本质是生存的外观。我们只知道它是如何显现于我们，但不知道它是什么。因为我们只能靠同感来认识它。

然而，帷幕升起了，生命登上舞台，戏剧上演了，我们通过与我们自身相似的手势和语言渐渐明白了戏剧的意思。我们认识生命是什么，不是通过外貌，不是通过对其各部分的分析，而是通过比同感更为直接的感知。这是真正的知识。（《论再生》）

真正的知识是一种需要直接感知和全方位参与才能获取的东西。

生活需要真正地投入，方能体验其中之奥妙。

人与动物

对于所有其他生物来说，自然就是终极。生活，繁衍后代，死亡，是它们的目的；并且它们是满足于此的。它们从不呐喊救世，从不呐喊摆脱生命的限制；它们从不感觉到窒息，要求呼吸新鲜空气，从不用全部力量去撞击束缚它们世界的围墙；它们从不知道，什么是放弃充裕的生命，也不知道通过匮缺去寻找通往极乐福地的入口。它们不为它们的情欲而羞耻，它们的欲望是纯粹的；因为这些就是它们全部的生命。它们不以暴虐为暴虐，它们不以贪婪为贪婪；因为这些都是它们的目的，是它们自我的终极。可是人另有一个生命，因而，认识了无限的人，都鄙视这些情欲。（《论再生》）

人可以为了灵性的需求而克制欲望。这便是人与动物的最大区别。

我创造，所以我生存

自然的世界是监牢；我们必须生活在已有的环境中，因为我们不是生活在自我之中。在那里，自然选择我们，并为我们进行选择，我们是无能为力的，因此，我们处于自然选择法则之下。

然而，在我们的创造中，我们生活在我们的自我之中，世界越来越变成我们自己选择的世界；它随着我们的运动而运动，依据我们的转向提供给我们道路。于是，我们发现，人不满足于已给定的世界；他专心于制造他自己的世界。他们拆卸宇宙的机器，以便研究它，并按照他自己的要求重新组装它。（《论再生》）

罗曼·罗兰说：“我创造，所以我生存。”唯有创造才能获得快乐。唯有创造的生灵才是生灵。

为沉思所占据

有一些东西，我们可以从外部得到它们并把它们作为我们自己的拥有物（比如财富及从他人那里获得的或通过观察、经验和推理获得的知识等）。然而，沉思与此相反，它始终处于深入一些伟大真理的核心部分的过程中，因此，最终我们将为它所占据。（《论沉思》）

沉思使人从外部返回自我，内观自我。而正是在这种观照中，真理得以显现。

丰富你的心灵世界

当我们用自己心灵情感去摄取外界世界时，那个世界才成为我们自己所特有的世界。

正如人们的肠胃里没有足够的消化津液，就不能很好地变食物为人体物质一样，在心灵感情里没有足够的摄取力量，他们也不能使外界世界成为自己的内部世界，也就是人的世界。（《文学的本质》）

心灵丰富的人，才能感受自然和世界，才能听到风的呼吸、雨的脚步，才能看到花朵的微笑、小草的忧伤。丰富你的心灵世界，你才能吸纳更多的事物，成为更丰富的人，拥有更饱满的人生。

冷漠即死亡

人所居住的家对他来说不仅仅是砖木，他把那个家庭变成自己的，抹上了自己的色彩。他心灵所蛰居的国度对于他来说，不仅仅是河流、水域和天空，也是上帝或母亲的化身，他由此获得了快乐，否则心灵是无法向外显露的。（《世界文学》）

通过与外部世界的交流和沟通，完整地获得人性是人类心灵的天然属性，人在其中得到了真正的快乐，并以完美的形式有力地表现着自己。

如果心灵不能显露自己，那它就会变得冷漠，对心灵来说，冷漠就是死亡。

对立统一

善与恶、好与坏，任何一方都不会消失。两者的结果是一个，而不是两个。有河流就有河岸，河流终止的地方，必然是无边无际的大海。河与岸的对立，在河流终止的同时也消失了。（《美感》）

没有善就无所谓恶，没有丑的存在就不能彰显出美的价值，世间万物都处于对立统一的关系之中。正如两千多年前老子在《道德经》中所言，“有无相生，难易相成，长短相形，高下相倾，音声相和，前后相随”，这是永恒不变的真理。这个世界没有绝对的统一，也没有绝对的对立。

真实的快乐

在这变幻莫测的世界里，我们的心寄寓何处呢？我们从何处才能感受到真实的快乐呢？行人来来往往，如影随形于我们身旁，但我们并不了解他们，也就无法从他们身上获得某种快乐。有一位亲戚与我们十分亲近，这个真实充实了我们的心灵。我们对自己亲戚的真实情况了解得越多，我们从他身上获得的快乐就越大。一个国家仅是大地的一部分，但那个国家的人为了自己的国家甚至可以献出自己的生命，因为他们透彻地了解自己的国家，所以能够为它而献身。一门知识对一个蠢人来说是可怖之物，但对学者来说则是他享受的最高乐趣，学者把自己整个一生都奉献给这一门知识。（《美感》）

透过繁华乱象，不同的人会看到不同的光：基督徒看到耶和华，僧侣看到佛陀。对于他们，耶和华和佛陀就是真实。真实，是我们甘愿为之奋斗的快乐之源。理解了真实，才会有真实的快乐！

快乐无疆

当我们看到，有人为了追求真理而接受放逐时，这个英雄人物的快乐疆域，在我们心灵中扩展开来。我们发现，这种快乐所控制的范围是那么广泛，以至于放逐的痛苦一下成为它本身的一个组成部分。迷恋于财富的人的快感是有限的，他们害怕丧失财富而轻易接受虚假和侮辱；他们为了保持自己的饭碗而毫不犹豫地干着不光彩的勾当。不管这些人通过多少考试，也不管他们是多么显赫的学者，只有在快感力量的界限内，才能对他们有合乎实际的认识。（《美和文学》）

一个人的智慧并不取决于他知道什么，而取决于他为什么而感到快乐。佛陀的快感的疆域是多么宽广，甚至君王的享受也不能把它束缚住。当每个人都懂得这一点时，就会感到人性快感疆域的扩大，就仿佛他在别人中间发现了自己不知道的财富一样。

生命的沉思

雨下得正急。河水汹涌嘶鸣，在舔吻和吞噬着小岛。在愈变愈小的岸边，我独自厮守着一堆谷子。

从对岸的阴影里划来一只小船，一个女人在船艄掌舵。

我向她喊道："饥饿的水在围卷着我的小岛，划到这儿来吧，把我一年的收获载去。"

她来了，把我所有的谷子拿得一粒不剩；我央求她把我带走。

但是她说："不。"船儿已经载满了我的礼物，再没有我容身的余地。（《游思集》）

当心被外物占据，那个本真的自我就只好亡命天涯。

第八章

论教育

《诗经》云："如切如磋，如琢如磨。"孩子恰若未经雕琢的璞玉，教育则是性情的刻刀。

面对一块块美玉，泰戈尔珍爱有加。他有着自己独到的雕刻理念：

孩子是自由的，他们的思想天马行空，那就给他们自由活动的天地。给他们的束缚越少，他们的禀赋就越能得以开发；

孩子喜欢与大自然亲近，那就放手让他们走进自然的怀抱，跟泥土亲近，接受阳光雨露的洗礼，让自然和兴趣成为他们最好的朋友和导师！

新式学校

当我快到 40 岁的时候，我在孟加拉开办了一所学校。这确实是人们不曾预料到的。因为我把自己的大半生用于写作上，主要是用于写作诗歌上。人们自然认为，这所学校不会是最好的学校之一，然而，它是一所非同一般的具有新意的学校。

我知道这个学校所基于的是什么。它不是某种新的教育理论，而是我对学生时代的回忆。（《我的学校》）

传统的学校模式，死板的制度规范，让泰戈尔的学生时代充满了苦恼，于是，这个有着充盈情感的人开始了一次大胆的尝试，在一个幽静安宁的地方创办了一所新式的学校。在那里，孩子享有充分的自由，和大自然无比的亲近，纯真的天性得以自然发展。

工厂学校

应给予我们的童年以充足的生命饮料，因为它对此有无尽的渴望。年轻的心灵中应渗透这样的思想：他生于一个人类世界，这人类世界与它周围的世界是和谐一致的。而这正是现在的正规学校以一种严肃、傲慢的姿态和高人一等的智慧所忽视的东西。它把孩子们从一个充满着神亲手创作的奥秘，充满人格启迪的世界中强行拉开。它仅仅是一种纪律规定，而拒绝考虑个性。它是一个设计特殊的工厂，以获得相同的结果。（《我的学校》）

当教育体系变成了一套工业流程，一切属于人类所特有的个性和情感便必然遭到冰冷地扼杀。

教养同情心

我们来到这个世界，不仅是要认识它，还要承受它。依赖知识，我们可能会变得强有力，然而，只有依赖同情，我们方能获得完善。最高的教育应是，不仅给我们以信息，而且要使我们的生命与万物和谐统一。然而，我们发现，在学校中，同情心的教育不仅被系统地忽视了，而且受到严厉的压制。（《我的学校》）

看到植物枯萎，会难过；看到动物受伤，会救助；看到他人的苦难，会感同身受甚至挺身而出。同情，也许就是把对方看成自己，欢喜对方的欢喜，伤感对方的伤感。万物、他人、世界和我们是一体的，对待世界就是对待自己。教养同情心，乃教育之本位。

孩子的苦恼

我们从孩提时代起，就是按照生活与自然相脱离的方式形成习惯、接受知识的，从而使我们的思想在生活一开始就和世界处于对立的位置。

我们不给孩子们以地球，却去教他们地理；不教他们语言，却去教他们语法。他们渴望的是叙事诗，供给他们的却是编年的史实和日期。（《我的学校》）

现时学校教育的弊端之一是，孩子们不是从自然和生活本身，而是从书本获得知识。他们渴望泥土、阳光和空气，渴望真切的生活画面和动人的现实瞬间。带孩子走向自然，走向生活，孩子才能获得真切的感受、鲜活的知识。

自由的童年

我清楚地记得，有一位以成功的教育家著称的有经验的校长，当他看到我的学校里的一个男孩爬上一棵树，选择一根树杈坐在那儿读书时，显得十分吃惊和厌烦。我只得对他解释说：“童年是一个文明人一生中唯一可以在树枝和客厅椅子之间作出选择的时期，难道因我已是成人不便这样做就去剥夺孩子的这种权利吗？”（《我的学校》）

童年应是一个人拥有更多自由的时期。我们的童年应该在嘴里的零食和手中的漫画的陪伴下，在苦苦思索为什么太阳总下到山的那一边，在幻想山里面有没有住着神仙的好奇中度过。

与泥土亲近

我出生在一个高贵的家庭，从我的童年起，我的双脚就受到精心照料，免与泥土赤裸裸地接触。当我效法我的孩子们，赤脚行走时，我痛苦地体验到，我对脚下的大地是多么一无所知。

他们能使自己即使踩在荆棘上，也不会受到荆棘的伤害，而且可以毫无不适地赤脚行走在砂砾小路上。我知道，在这实际世界上，鞋子是要穿的，道路是要铺设的，车子是要使用的。然而，在孩子们受教育的时期，难道不应让他们懂得，世界并非是舒适的客厅，而是一个诸如自然的东西，而他们的肢体之所以被造就得如此美妙，正是对自然的一种回应？（《我的学校》）

亲近泥土，可以使我们的双脚更加坚定，善用造物主赐予我们的美妙肢体来和大自然亲密接触吧。

贫穷是一所学校

从教育的观点来看，难道我们不应承认，贫穷是人们能从中获得最初教益和最好训练的一所学校吗？即便是百万富翁的儿子，生下来也是一无所有，并将从头开始他的生活课程，尽管他拥有不需腿脚也能行走的手段，他也必须学会像最贫穷的孩子一样行走。贫穷使我们能完全接触生命和世界，因为富裕的生活大多是由人代理的生活，因而是在不那么实在的世界中的生活。

财富是一个金笼子，富人的孩子在里面被喂养，因而他的能力人为地遭到扼杀。（《我的学校》）

贫穷和富贵，需以平常心待之。不以贫穷为耻，不以富贵为恶，无论是锦衣玉食还是粗茶淡饭，都泰然处之。贫穷本身并不可怕，关键是你怎么看待它，如果能够善加利用，它将使你受益一生。

家庭的孕育

幸运的是，我生长在一个文学、音乐和艺术已成为本能的家庭中。我的兄弟和堂兄弟们生活于自由思想之中，而且他们大多具有天生的艺术才能。在这样的环境中成长，我很早就开始思考，就有梦想，就开始表达我的思想。我们家庭在宗教和社会理想方面摆脱了一切陈规旧俗，正因为我们摆脱了正统的信仰和习惯，因而受到社会的排斥。这使我们的思想自由无所畏惧，并努力在生活的各个领域中进行试验。（《我的学校》）

一个人的成长和他的家庭氛围密不可分。泰戈尔出生在一个有着深厚文化底蕴的家庭，自幼就浸染了父辈和兄长们的艺术才华和自由思想，这是他成长的一片沃土。

高于书本

当我创立我的学校的时候，依靠的只是我早年的生活经验。我确实感到，最必需的是文化气息，而不要正规的教学方法。

难道我们没有被那些教科书，像绝大多数生活必需品那样，割裂我们与我们的世界之间的联系吗？我们已经养成用书页封闭我们心灵之窗的恶习，书籍里的词语像膏药一样贴在心灵的皮肤上，使我们的心灵不能与真理直接接触。……当然，贬低书本的用处是愚蠢的。然而，同时应该承认，书本有它的局限和它的危险。（《我的学校》）

书能够启迪心智，但一味地死读书、读死书，只能磨损人的灵性。学校教育更需慎重，过于依赖程式化的教学方法和教科书，会让原本个性迥异的孩子变成千篇一律的机械复制品。

兴趣是最好的老师

我学校里的许多孩子在绘画方面表现出突出的才华，他们的发展不是通过常规的临摹法，而是按他自己的爱好任其发展，并借助于有些美术家的偶然来访，用他们的作品来激发这些孩子。

我的学校初办之时，我的孩子们对音乐没有明显的爱好。起初，我没有聘请音乐教师，也没有强迫孩子们上音乐课。我仅仅创造了一些机会，让那些有音乐天赋的人能够表现他们的音乐修养。这样使孩子们的耳朵受到不自觉的熏陶。渐渐地，大部分孩子对音乐产生了兴趣和爱好，我看出他们已愿意接受正式训练了，这时，我聘请了音乐教师。（《我的学校》）

兴趣是最好的老师，主动学习比强制灌输效果要好得多。明智的教育者，懂得因势利导、水到渠成的意义。

让孩子学会自助

在我们学校，孩子们起得很早，有时天亮以前就起床。他们自己打水沐浴，自己整理床铺。他们做一切能培养他们自助精神的事。（《我的学校》）

孩子的人生是孩子们自己的。父母、老师只能扶助他们一段时间，却很难扶助他们一生。有些痛，无法替代；有些经历，只有自己才能体会。适度放手，让孩子学会自助，才是最好的方式。

理想的学校

在阿什拉姆学校，人们为生命的最高目的、在自然的安宁之中聚集在一起。在那儿，生命不仅是静思的，而且是在活动中觉醒的；在那儿，孩子们的心灵不会被强迫去信仰；在那儿，他们要去将人的世界实现为他们渴望成为其居民的天国；在那儿，日出、日落和静寂的、灿烂的群星，每天都受到孩子们的重视；在那儿，人们在花儿与果实的盛会中尽情地享受着欢乐；在那儿，年轻人与老年人，教师与学生在同一张桌子旁，共进他们的世俗之餐和永恒的生命之餐。（《我的学校》）

这是泰戈尔按自己的理念创办的学校，在那儿，一切是那么的和谐、有序，又是那么的崇高、完善。

自由飞翔

卡玛娜的见识之广和见事之明都远远超过了她的年岁的限制。这也许是因为她从没受到过婆婆的严格教训，自己的个性能得到充分发展的缘故。像“不要胡说”“我告诉你怎么做就怎么做”“年轻的姑娘不作兴老说‘不’的”这一类的话，她从来也没有听到过。因此她始终是直着身子、扬着头面对着世界上的一切，她是一株枝干强劲而又娇艳异常的鲜花。（《沉船》）

每一个孩子都是天使，上帝把他们放在人间，使他们慢慢长成他们愿意成为的样子。上帝赋予他们不同的天赋，只是，这些天赋慢慢被扭曲和压制。给孩子自由成长的空间，让他们自由飞翔，是我们的义务。